Mein Pfeil- & Bogenbuch
BOGENBAU FÜR KINDER UND JUGENDLICHE

Mein
Pfeil- & Bogenbuch
BOGENBAU FÜR KINDER UND JUGENDLICHE

WULF HEIN

Verlag Angelika Hörnig

Mein Pfeil- und Bogenbuch
Von Wulf Hein

Illustrationen | Fotos   Wulf Hein
Layout | Grafiken | Umschlag   Annelie Wagner
Druck   Laub GmbH & Co. KG

Alle Rechte vorbehalten. Keine Teile dieses Werkes dürfen ohne schriftliche Genehmigung des Verlags auf mechanische, fotografische oder elektronische Weise reproduziert, vervielfältigt oder übermittelt werden.

©2011 Erstauflage
©2015 2. überarbeitete Auflage

ISBN 978-3-938921-18-0

Verlag Angelika Hörnig
Siebenpfeifferstraße 18
D-67071 Ludwigshafen

bogenschiessen.de

Abb. auf Seite 20, 28 mit freundlicher Genehmigung von echtzeitMEDIA, Würzburg
Abb. auf Seite 21, 35 mit freundlicher Genehmigung vom Hase&Igel-Verlag, Garching

Für alle, die mich seit Jahren nach diesem Buch gefragt haben. Und für Dieter Ruths.

EINFÜHRUNG

Danksagung

Solch ein Buch kann man zwar alleine schreiben, aber viele Menschen waren daran beteiligt, dass es jetzt hier vor Euch liegt. Sie haben mich in unzähligen Gesprächen an ihrem reichen Erfahrungsschatz teilhaben lassen. Sie haben gesagt: „Schreib das mal!"
Sie haben meine Worte glatt gebügelt, wo sie allzu kraus waren. Sie haben gelesen, geplant, gedruckt, kurzum: Sie haben dieses Buch erst möglich gemacht.

Darum geht mein ganz herzlicher Dank an: Volker Alles, Tobias Barth, Rengert Elburg, Hartmut & Ute Hahn, Angelika Hörnig und Verlagsteam, Thorsten Kreutzfeld, Axel Küster, Dirk Lornsen, Rieke und Marquardt Lund, Harm Paulsen, Jürgen Junkmanns, Leif Steguweit, Annelie Wagner, die Mitglieder von archaeoforum.de, natürlich meine Familie und alle die ich vergessen habe oder hier nicht aufzählen kann, sonst reicht der Platz nicht...
Sollte sich trotzdem irgendwo der Felertäufel eingeschlichen haben, geht das selbstverständlich auf meine Fellkappe.

Eine kleine Anmerkung: Nicht nur Jungs lieben das Bogenschießen, sondern auch die Mädchen! Normalerweise hätte ich also immer „Bogenschütze und Bogenschützin" oder „Bogenschütz-Innen" schreiben müssen. Das hätte aber das Lesen dieses Buches unnötig schwierig gemacht. Deshalb habe ich darauf verzichtet und die Bezeichnungen nur in der männlichen Form geschrieben. Die Damen mögen es mir verzeihen...

Der Inhalt

0	Einführung	12
1. Kapitel	Kleine Geschichte des Bogens	18
2. Kapitel	Grundlegendes	48
3. Kapitel	Das Werkzeug	54
4. Kapitel	Das Material	60

5. Kapitel	Der Bogenstab	**80**
6. Kapitel	Das Tillern	**94**
7. Kapitel	Die Sehne	**108**
8. Kapitel	Bogen spannen + Feintillern	**118**
9. Kapitel	Die Pfeile	**126**
10. Kapitel	Das Zubehör	**154**
11. Kapitel	Das Schießen	**166**
12. Kapitel	Lexikon, Adressen, Bücher	**184**

Einführung

In der erzähle ich euch, wie ich zum Bogenschießen kam. Warum ich als Junge einmal Ärger mit meinem Onkel hatte. Und was so schön daran ist, Stöckchen fliegen zu lassen.

ICH WAR DAMALS ETWA ZEHN JAHRE ALT...

Ende der 1960er Jahre gab es weder Game Boy noch Playstation, das Fernsehen hatte drei Programme in Schwarz-Weiß, und gucken durften wir das Sandmännchen, „Flipper" und „Bonanza". Unser Leben war „draußen selber machen".

Direkt vor unserem Haus lag ein alter Eisenbahndamm, völlig verwildert und mit allerlei Sträuchern und Bäumen bewachsen. Züge fuhren dort schon lange nicht mehr. Hier gingen wir im Winter rodeln, und den Rest des Jahres schlichen wir durchs Unterholz wie unsere großen Vorbilder Winnetou und Robin Hood.
Wir trugen kurze Lederhosen und hatten von März bis Oktober aufgeschürfte Knie. Die anderen konnten gerne Cowboys sein, wir waren immer die Indianer. Weil die Pfeil und Bogen hatten. Und sowieso die Guten waren. Dachten wir. Genau wie Robin Hood und seine Leute.

Unsere **Ausrüstung** hatten wir uns selbst gebaut. Ein Haselstock, oben und unten etwas angespitzt, diente als Bogen. Um ihn zu verzieren, hatte ich bei meinem Stock die Rinde spiralförmig abgeschält und den Griff mit Paketschnur umwickelt. Das sah super aus. Aus Paketschnur war auch die Sehne, sie wurde oben und unten am Bogen angebunden. Wie man Knoten machte, wusste ich.

Mein Vater war Kapitän und hatte mir alles beigebracht, was man über Taue, Seile und Schnüre wissen musste.
Die Pfeile machten wir aus Schilfrohr, das wuchs reichlich unten am Fluss. Vorne kam ein halber Korken drauf, das war Bedingung von unseren Eltern. Alles andere wäre zu gefährlich, warnten sie.
Mit den Federn gab es manchmal Probleme, denn unser Nachbar hatte keine Hühner im Garten, sondern nur Kaninchen. Aber mit etwas Glück fand man welche am Fluss oder am Stadtsee, dort, wo die großen Schwäne wohnten.
So gingen wir auf Kriegspfad oder überfielen den Sheriff von Nottingham und seine Schergen. Das waren die Kinder aus der Bismarckstraße. Wir schossen nie wirklich aufeinander – wir taten nur so. Schließlich hatten die Cowboys auch keine echten Gewehre. Und selbst wenn mal einer getroffen wurde, dann floss kein Blut, weil die Pfeile wegen der Korken sehr langsam flogen und die Bögen nur sehr schwach waren. Manchmal aber machten wir die Korken ab und schossen mit den Schilfpfeilen um die Wette auf ein Stück Styropor. Wer gewann, durfte sich bei den anderen ein Fußballerbild aussuchen, das mussten die Verlierer dann hergeben. Einmal habe ich an einem Nachmittag Uwe Seeler und Gerd Müller verloren.
Kein guter Tag zum Bogenschießen...

Eines Tages besuchten wir meinen Onkel in Lübeck. Der war gerade ein halbes Jahr als Matrose zur See gefahren, um sich Geld zu verdienen. Sein Dampfer hatte Stahl nach Indien gebracht und auf dem Rückweg Holz von Afrika für einen Holzhändler in Hamburg mitgenommen.

Das Beladen des Schiffes dauerte mehrere Tage, und so hatte mein Onkel Gelegenheit, an Land zu gehen und sich Afrika anzuschauen. Natürlich nicht ganz Afrika, sondern nur den Hafen und die Umgebung. Er mietete sich zusammen mit zwei anderen Matrosen ein Auto und fuhr ein wenig herum. In einem Dorf an der Landstraße gab es einen Laden, der Lebensmittel und allerhand Krimskrams verkaufte. Unter anderem auch Andenken für Touristen.

Und hier sah mein Onkel etwas, was er unbedingt haben musste: einen mannsgroßen Bogen aus einem schweren, dunklen Holz, mit drei Pfeilen und einem Köcher aus einer ausgehöhlten Baumwurzel. Nach einigem Feilschen kaufte er alles zusammen für einen – wie er dachte – angemessenen Preis und nahm es mit an Bord seines Schiffes.

Zu Hause hatte er Bogen und Köcher an die Wand gehängt, als Andenken an Afrika. Kaum dass ich das Zimmer betreten und den Bogen gesehen hatte, begann ich ihn zu löchern: „Wann gehen wir Bogen schießen? Onkel Paul, gehst du mit uns schießen? Biiiiitte!! Onkel Paul…!"

Schließlich ließ er sich erweichen, nahm die Ausrüstung von der Wand und ging mit mir und meinen Cousinen an den Fluss hinunter. Ich durfte den Bogen tragen und lief stolz hinter den dreien her. Der Bogen war aufgespannt, und schließlich hielt ich es nicht mehr aus.

Ich legte einen Pfeil auf die Sehne und zog daran. Ich wollte gar nicht schießen! Ich stellte mir vor, ich wäre ein riesengroßer schwarzer Hottentotten-Häuptling, der den Dschungel durchstreift. Fast hörte ich schon die Affen und Papageien in den Bäumen schreien, als es geschah.

Der Bogen war tatsächlich für einen ausgewachsenen Mann gemacht und ließ sich sehr schwer ziehen. Für einen norddeutschen Dreikäsehoch war er viel zu stark. Ich hatte doch nur ein ganz bisschen an der Sehne gezogen… Trotzdem rutschte sie mir durch die Finger, und der Pfeil zischte davon.

Wie in Zeitlupe starrte ich dem Geschoss hinterher. Der Pfeil hätte überall hinfliegen können, aber wen traf er? Meine Cousine Wiebke am Hinterkopf. Es gab einen dumpfen Schlag und Wiebke schrie auf. Im gleichen Moment drehte sich mein Onkel zu mir um und schrie:

„Bist Du verrückt geworden?" Er stürzte auf mich los. Ich bin nur deshalb um eine saftige Ohrfeige, wenn nicht gar um eine Tracht Prügel herumgekommen, weil das damals schon aus der Mode war und mein Onkel ein herzensguter Mann ist. Wir liefen zu meiner Cousine, die weinte wie ein Schlosshund.

Mein Onkel untersuchte ihren Kopf und sagte erleichtert: „Zum Glück ist nichts Schlimmes passiert!" Wiebke hatte dort, wo der Pfeil getroffen hatte, eine Beule, die immer dicker wurde, aber es blutete nicht.

Eine Gehirnerschütterung war es auch nicht. Denn wir haben in unserer Familie alle einen „Mecklenburger Eisenschädel", wie meine Mutter immer sagt. Und glücklicherweise waren die Pfeile aus Afrika vorn stumpf und ohne Metallspitze.

Wir hatten alle einen ordentlichen Schreck bekommen. Mit Bogenschießen war es jetzt aus, noch bevor es überhaupt angefangen hatte. Ich musste ein lautes Schimpfgewitter über mich ergehen lassen, an das ich mich noch lange erinnerte. Später, als ich schon erwachsen war, hat mein Onkel mir gesagt, dass er damals sehr wütend auf mich war. Doch er hatte sich noch mehr über sich selbst geärgert. Denn ich hatte zwar mit dem Bogen Blödsinn gemacht, aber ich war ja noch klein und konnte die Folgen meines Tuns nicht richtig überblicken.

Mein Onkel aber hatte es versäumt, mir rechtzeitig zu erklären, was man mit einem Bogen machen darf und was man auf keinen Fall tun sollte. Zum Beispiel im Gehen einen Pfeil auf die Sehne legen und daran ziehen. Wenn sich meine Cousine gerade in dem Moment umgedreht hätte, als der Pfeil geflogen kam, wäre vielleicht ein Auge weg gewesen!

Von diesem Tag an war es vorbei mit Winnetou und Robin Hood. Ich schnitzte mir ein Holzgewehr und ein Schwert und habe jahrelang keinen Bogen mehr angerührt.

Erst als ich fast zwanzig war, lernte ich beim Musikmachen einen anderen Gitarristen kennen, der nicht nur die Saiten auf seinem Instrument zupfte, sondern auch die Sehne auf seinem Bogen zog. Er hatte einen wunderschönen alten Fiberglasbogen, den er heute noch schießt.

Ich besuchte ihn gern, und wir gingen oft durch die Wiesen und Wälder, schossen auf morsche Baumstümpfe und Grasbüschel oder ließen einfach nur Pfeile in den Himmel zischen. Das war etwas anderes als der verzierte Haselstock und die Schilfrohre.

Ein moderner Sportbogen schießt noch auf fünfzig Meter genau und über zweihundert Meter weit. Es macht unglaublichen Spaß, den Bogen zu ziehen, den Widerstand zu spüren, den er deinen Muskeln entgegensetzt. Einen kurzen Augenblick zu zielen und dann den Pfeil loszulassen. Ihm hinterher zu schauen, wie er auf das Ziel zufliegt und mitten ins Schwarze trifft.

Natürlich schoss ich erst mal daneben und war froh, wenn ich überhaupt die Scheibe traf. Aber das wurde bald besser. Nach ein paar Tagen Übung hatte ich „den Bogen raus".

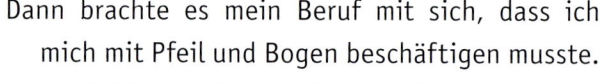

Dann brachte es mein Beruf mit sich, dass ich mich mit Pfeil und Bogen beschäftigen musste. Ich bin Archäotechniker, ich baue Dinge aus alten Zeiten nach. Manchmal werden sie in Museen ausgestellt, manchmal für wissenschaftliche Experimente benutzt.

Ein Museum brauchte einen Nachbau des ältesten Bogens der Welt. Ich fand heraus, welcher das war, besorgte mir ein Ulmenstämmchen und spaltete es, um aus einer Hälfte den Bogen für die Ausstellung nachzubauen. Aus der anderen Hälfte fertigte ich mir selbst einen Steinzeitbogen, machte mir Pfeile dazu und einen Köcher.

Diesen Bogen schieße ich heute nach fast zwanzig Jahren immer noch. Er ist mein absoluter Liebling und funktioniert einwandfrei.

Mittlerweile gibt es immer mehr Bogenschützen, die ihre plastikbelegten Sportbögen an die Wand hängen und lieber einen einfachen selbst gebauten Holzbogen schießen. Wir treffen uns einmal im Jahr zu einem Turnier, bei dem nur Nachbauten von Bögen aus der Archäologie benutzt werden dürfen.

Hier geht es gar nicht so sehr ums Gewinnen, sondern ums Dabeisein, ums Mitmachen. Und ich sage Euch, es gibt kaum etwas Schöneres, als an einem Sonnentag in einer wundervollen Landschaft mit netten Leuten um die Wette zu schießen. Sich mit den anderen zu ärgern, wenn sie nicht treffen. Oder sich zu freuen, wenn der Pfeil mit einem satten „Pock" mitten in der Scheibe einschlägt.

Das Konzentrieren auf einen Punkt zu üben.
Die Anspannung beim Ausziehen des Bogens zu spüren.
Und trotzdem gelassen und entspannt zu bleiben.

Wenn du dich auch für das Bogenschießen interessierst und dir einen Bogen selbst bauen willst, dann ist dieses Buch genau richtig für dich. Natürlich wirst du damit keinen perfekten Superbogen bauen können, dafür gibt es viele Spezialbücher. Die sind allerdings für Erwachsene geschrieben. Dieses Buch wendet sich an Kinder und Jugendliche, die einen einfachen Bogen bauen wollen. Oder sich bisher gewundert haben, dass die selbstgebauten Bögen nicht richtig schießen oder immer gleich zerbrechen.

Sicher wirst du auch, wenn du das Buch durchgelesen hast, kein perfekter Bogenschütze sein. Dazu braucht es viel Übung. Es soll dir aber helfen, die typischen Anfängerfehler zu vermeiden.

Ich empfehle, das Buch zuerst gründlich von vorn bis hinten durchzulesen! Auch wenn du nach den Anweisungen für Fortgeschrittene arbeitest, solltest du ebenfalls die Abschnitte für die einfache Variante durchlesen. Damit du alles richtig verstehst, **BEVOR** du loslegst.

Damit du lernst, Pfeil und Bogen zu begreifen und richtig damit umzugehen. Sonst geht es dir am Ende wie mir bei meinem ersten Bogenschuss, der beinahe katastrophal danebengegangen wäre. Deswegen habe ich auch dieses Buch geschrieben.

Denn der Bogen ist ein wundervolles Sportgerät, aber ursprünglich war er eine todbringende Waffe. Das solltest du immer im Kopf behalten. Dann geht nichts schief und ihr zwei werdet eine Menge Spaß zusammen haben.
In diesem Sinne: willkommen im Club!

DIESES BUCH BESCHREIBT DEN BAU VON 2 ARTEN VON BÖGEN:

Einmal einen ganz einfachen Flitzebogen, den man in ein paar Stunden am Lagerfeuer bauen kann. Ohne Spezialwerkzeug.
Ich nenne ihn **„der gebogene Stock"**.
Den **gebogenen Stock** kann man mit einer ganzen Schulklasse/Pfadfindergruppe bei Projekttagen oder auf Freizeiten bauen. Er ist bestens geeignet, wenn man das Prinzip Bogenschießen kennenlernen will, aber keine oder nur wenig Ansprüche an Haltbarkeit und Schießgenauigkeit stellt. Für Kinder von 8 – 12 Jahren ist der gebogene Stock genau das Richtige.
Und natürlich ist er sehr gut geeignet, sich überhaupt erst mal mit dem Bogenbau vertraut zu machen. Hier kannst du Erfahrung sammeln, bevor du dich an einen „richtigen" Bogen heranwagst. Deshalb empfehle ich dieses Bogenmodell als deinen ersten Bogen.

Zum anderen einen einfachen Steinzeitbogen, der aber etwas mehr Zeit, Aufwand und Werkzeug erfordert.
Das wird der **„Holmegaard-Bogen"**.

Jeder, der nach diesem Buch einen Bogen bauen will, sollte sich – je nach Alter, Zeit und Möglichkeiten – für einen Typ entscheiden.

Der **Holmegaard-Bogen** ist eher was für Anspruchsvolle, die sich für das Bogenschießen interessieren. Die handwerklich geschickt sind und sich selbst einen einfachen, aber haltbaren und präzisen Bogen bauen wollen.
Das können Jugendliche ab 12 Jahren, z. B. bei Projektwochen oder Projektarbeiten an der Schule.

— 1 —

Kleine Geschichte des Bogens

berichtet von Auerochsen, die Glück im Unglück hatten, von Steinzeitmenschen, die Unglück im Glück hatten, von Jagd, Krieg und Sport und einem Mann mit grüner Kapuze. Niemand weiß genau, wie lange wir Menschen schon Pfeil und Bogen benutzen. Auf jeden Fall liegt der Ursprung des Bogenschießens in der Steinzeit.

Urgeschichte

Pfeil und Bogen sind nicht die erste Fernwaffe der Menschheit. **Schon vor 400.000 Jahren** gingen in der Nähe der heutigen Stadt Braunschweig Urmenschen vom Typ homo erectus auf die Jagd. Sie erlegten Wildpferde mit Speeren aus Fichtenholz, die fast die gleichen Eigenschaften haben wie moderne Wettkampfspeere.

Später, vor etwa 120.000 Jahren, trieben Neandertaler im heutigen Niedersachsen einen Waldelefanten in einen Sumpf und töteten ihn mit einer Lanze aus Eibenholz.

Im Gegensatz zum geworfenen Speer wird eine Lanze gestoßen. Also mussten die Neandertaler immer sehr nahe an ihr Jagdwild heran. Und manchmal – wenn die Beute etwas merkte und sich wehrte – wurden die Jäger zu Gejagten. Viele Neandertaler-Skelette, die Archäologen ausgraben, zeigen Verletzungen wie Rodeo-Reiter – Knochenbrüche an Armen, Beinen und Rippen. Deshalb haben unsere Vorfahren schon immer versucht, die Entfernung zwischen sich und der Jagdbeute zu vergrößern.

Je weiter der Jäger vom Wild entfernt war, desto weniger gefährlich war es für ihn. Und ein wütendes Mammut konnte sehr gefährlich werden.

Die Eiszeitjäger erfanden vor etwa 20.000 Jahren die Speerschleuder. **Die Speerschleuder** ist eine Hebelarmverlängerung, mit der man leichte Speere auf weite Entfernungen mit großer Wucht werfen konnte. Eine ideale Waffe für die Jagd in der offenen Landschaft.

Während der Eiszeit war es kalt und trocken, in Europa sah es damals ganz anders aus als heute. Das Land war mit einer Grassteppe bedeckt. Bäume gab es nur sehr selten, und wenn, dann waren sie eher klein. Durch diese Kältesteppe (Tundra) zogen große Herden von Rentieren. Jedes Jahr auf denselben Wegen, und die Menschen folgten ihnen.
An Engstellen, wo die Rentiere zwangsweise vorbeikommen mussten, legten sich die Jäger auf die Lauer. Dann flog Speer um Speer aus großer Entfernung in die Herde. Anschließend wurde geschlachtet und das Fleisch durch Trocknen oder Räuchern haltbar gemacht.

Altsteinzeit (PALÄOLITHIKUM)

Mit dem Ende der Eiszeit vor etwa 10.000 Jahren endete auch die Zeit der Rentierjäger.
Es wurde wärmer in Europa, der Wald kam langsam wieder zurück und bedeckte immer größere Teile des Landes. Die Speerschleuder wurde nicht mehr gebraucht, denn im Wald nützte sie dem Jäger wenig. Zu viele Bäume standen im Weg, und große Tierherden gab es auch nicht mehr.

Der Mensch erfand den Bogen – brauchbares Holz stand ihm nun in Hülle und Fülle zur Verfügung. Wie der Bogen erfunden wurde, weiß man nicht – es gibt ja keine Videos aus der Zeit. Möglicherweise hat ein Jäger einen Ast ins Gesicht bekommen, den einer vor ihm losgelassen hatte?

Der älteste Nachweis für diese neue Waffe stammt von dem Fundplatz Stellmoor in der Nähe von Hamburg.

In den 1930er Jahren wurden hier bei Ausgrabungen eine große Zahl Pfeile aus Kiefernholz gefunden, mit kleinen Feuersteinspitzen und Sehnenkerben.
Man entdeckte auch Stücke aus Kiefernholz, die von einem Bogen stammen könnten. Leider sind alle diese Funde im 2. Weltkrieg bei einem Bombenangriff auf Hamburg verbrannt. Heute gibt es nur noch Fotos davon.

Manche Forscher glauben, dass Pfeil und Bogen noch wesentlich älter sind. Aus Höhlen in Afrika und Spanien stammen kleine Feuersteinspitzen, die über 60.000 Jahre alt sind und aussehen wie spätere steinzeitliche Pfeilspitzen. Die können aber auch zu leichten Schleuderspeeren gehört haben. Und hölzerne Gegenstände haben sich in der Höhle leider nicht erhalten.

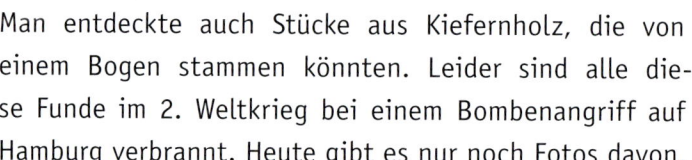

Mittelsteinzeit (MESOLITHIKUM)

Ganz anders sieht es in skandinavischen Mooren aus. Wenn ein Stück Holz in Moor oder Sumpf fällt, liegt es unter Wasser. Dort gibt es wenig Sauerstoff, deshalb werden hölzerne Gegenstände kaum zersetzt.
Es fehlen Mikroben, das sind ganz kleine Tierchen. Sie haben einen ungeheuren Hunger auf Holz, Haare und Knochen, brauchen zum Leben aber Sauerstoff.
Außerdem sorgt die Gerbsäure im Moor dafür, dass Holz gegerbt und damit gut konserviert wird. Wenn hölzerne Gegenstände ins Moor geraten, können sie unter Umständen über Jahrtausende erhalten bleiben.

Und das ist mit dem bisher ältesten vollständig erhaltenen Bogen der Welt passiert. Vor ungefähr 8.000 Jahren ist er in ein Moor auf der dänischen Insel Seeland gefallen und dort liegen geblieben, bis Archäologen ihn bei einer Ausgrabung gefunden haben.
Nach dem Fundort heißt dieser Bogentyp „Holmegaard".
So einen Bogen werden wir auch bauen. Dieser Bogen war aus Ulme, einem sehr zähen und elastischen Holz.

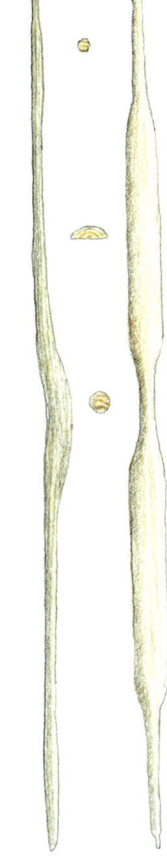

In der Mittelsteinzeit lebten die Menschen als Jäger und Sammler. Wahrscheinlich wohnten sie noch nicht an festen Orten, sondern zogen in einem ausreichend großen Gebiet umher.
Sie lebten von dem, was die Natur ihnen zum Essen gab.
Natürlich nicht wie Urwaldäffchen, die sich Bananen pflücken.

Die mittelsteinzeitlichen Jagdgeräte sind sehr komplizierte Erfindungen. Aber die Menschen waren nicht sesshaft, deswegen spielte die Jagd eine große Rolle.
Gejagt wurde alles, was man essen konnte, auch große Tiere.

Die Pfeile machten die Steinzeitmenschen aus Schösslingen von Sträuchern und bestückten sie mit sehr kleinen Steinspitzen.

Man nennt sie auch Mikrolithen.

Ein Jäger hatte viele verschiedene Pfeile in seinem Köcher, für jedes Wild einen speziellen.

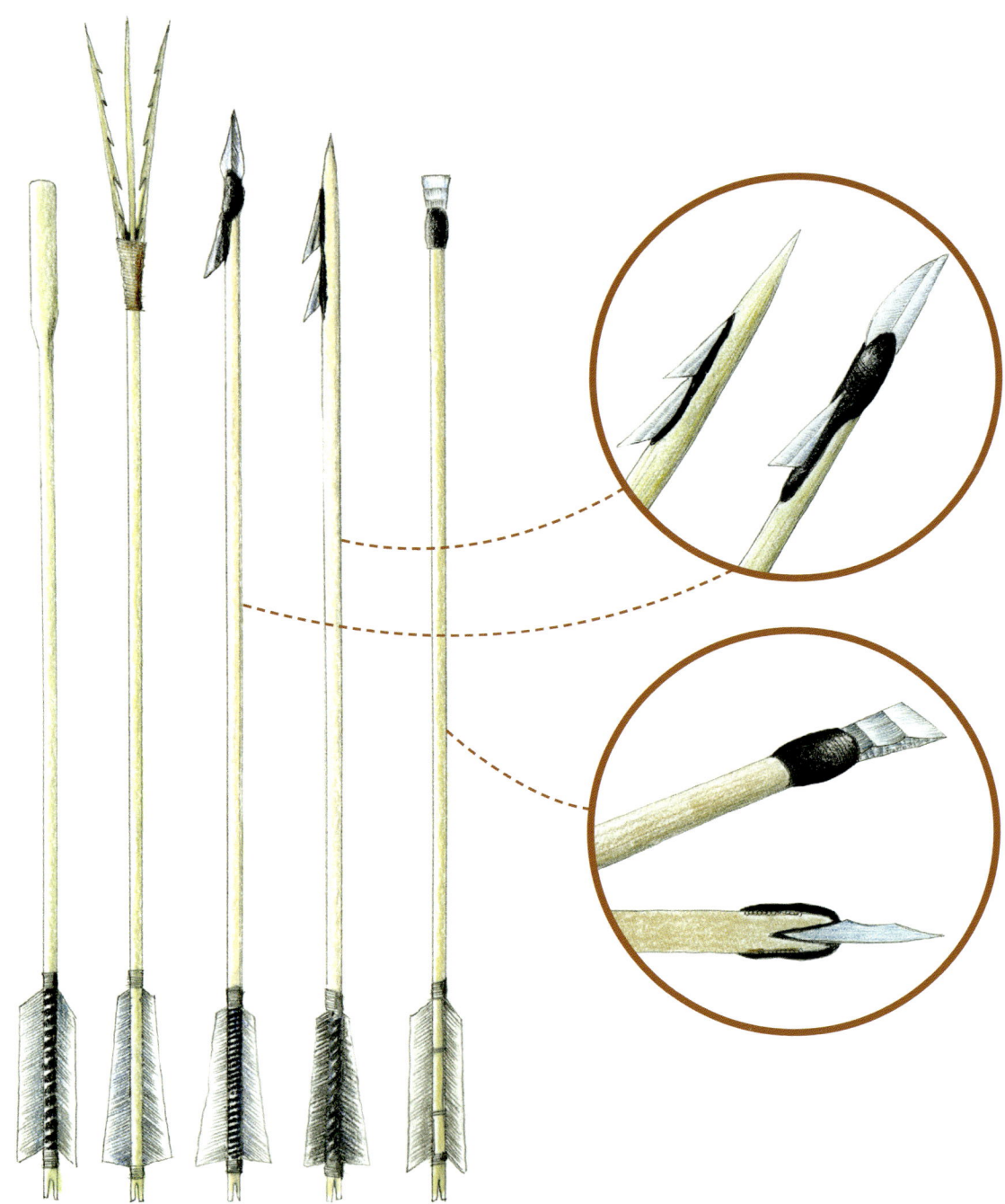

Manchmal können die Archäologen bei einer Ausgrabung erkennen, wie das Leben vor Tausenden von Jahren gewesen ist.

Manchmal erzählen Fundplätze sogar Geschichten:
„Die Jäger schlichen durchs Unterholz. Kein Zweig knackte, niemand sprach. Der Anführer blieb stehen und hockte sich vor einen großen grünen Haufen, der in der Sonne dampfte. Ein leichter Wind trieb den Geruch zu den Jägern hin. Der Alte schnüffelte, stand vorsichtig auf und lächelte. Er zeigte erst auf die Sonne, dann in Richtung großes Moor. Dann auf den Hügel, der sich Richtung Sonnenaufgang bis zum See hinzog. Dann auf die Männer zu seiner linken. Die beiden nickten und verschwanden im Gras. Die anderen Jäger suchten sich einen Weg durch die Bäume. Alle hatten schon viele Sommer zusammen gejagt und verständigten sich ohne Worte.

Der Anführer und ein Junge schlichen weiter auf das Moor zu. Der Junge war gerade zum Mann geworden und heute zum ersten Mal mit auf der Jagd. Vorsichtig spähte er um einen Baum herum und sah, was auch der Alte in diesem Moment entdeckte: Auf einer Lichtung stand ein großer Auerochse und fraß frisches Gras.
„Das ist Fleisch für alle! Für zwei Monde! Jetzt nur nichts überstürzen", dachte der Anführer. Er blieb reglos liegen. Der Junge tat es ihm nach. Sie warteten, bis sie vom Hügel das Quaken einer Ente hörten.

Das war das Zeichen: Die Jäger waren in Position. Der Auerochse hob ein Ohr, fraß aber weiter. Auch vom Sumpf ertönte ein Vogelschrei. Der alte Jäger legte einen Pfeil auf seinen Ulmenbogen. An der Spitze waren kleine Feuersteinmesser aufgeklebt, so scharf, dass sie durch dicke Ochsenhaut schnitten.

Der Jäger zog die Sehne bis zum Kinn und hob den Bogen. Er kam hinter dem Baum hervor, zielte ganz kurz und ließ den Pfeil von der Sehne schnellen.
Der Ochse schnaubte und drehte wütend den Kopf, als zwei weitere Pfeile sein Fell durchschlugen und dann noch zwei. Er stampfte mit den Vorderhufen und brüllte so laut, dass es dem Jungen eiskalt den Rücken hinunterlief. Keiner der Jäger hatte richtig getroffen. Schwirig bei dieser Entfernung.
Das wütende Tier kam auf ihn zu, und der Junge griff hastig in seinem Köcher nach einem zweiten Pfeil. Er zitterte so, dass er keinen zu fassen bekam.

Der Auerochse senkte den Kopf und rannte auf den Jungen zu. Der blieb stehen und schoss, aber der Pfeil traf nur ein Horn des Ochsen und verschwand pfeifend im Gebüsch.

Aber der Auerochse stoppte, denn schon wieder trafen ihn mehrere Pfeile in das Hinterteil. Einer davon hatte ihn offenbar stark verletzt, denn der Ochse brüllte, aber eher vor Schmerz als vor Wut. Bevor der alte Jäger einen dritten Pfeil auf der Sehne hatte und die tödliche Stelle unter der Schulter suchen konnte, machte der Ochse kehrt und rannte auf das Moor zu.
Der Anführer wusste, dass hier einer der Jäger wartete, in einer sehr guten Schussposition. Trotzdem schickte er dem flüchtenden Tier einen letzten Pfeil hinterher. Der traf aber nur den Hintern, wo schon viele andere wirkungslose Pfeile steckten.

Der angeschossene Auerochse raste weiter seinem Tod entgegen. „Schieß endlich", dachte der Anführer und wartete darauf, dass der Jäger am Rand des Sumpfes die Jagd mit einem gezielten Schuss zu Ende brachte.
Aber keine Bogensehne brummte, kein Pfeil schwirrte.

Der Auerochse merkte, dass er einen großen Fehler machte. Er versuchte auf der Stelle zu wenden, aber es war zu spät. Der weiche Moorboden gab unter seinen Hufen nach. Er brach mit den Vorderhufen ein, der riesige Körper sank zur Seite weg, braune Moorbrühe spritzte auf.

Der Ochse versuchte, den Kopf über Wasser zu halten. Aber der Morast sog ihn immer weiter in die Tiefe. Ein kurzes Brüllen, ein letztes Gluckern, dann war es vorbei.

Die Jäger kamen ans Ufer, machten lange Gesichter und schimpften. Aber leise, um die Götter nicht zu ärgern.
Nach einer Weile kam auch der Jäger, der hier auf den Ochsen warten sollte, humpelnd und blutend herbei. Er war beim Anschleichen über einen Maulwurfhügel gestolpert, hatte sich dabei den Fuß verstaucht und war in ein Brombeergestrüpp gefallen. Die Dornen hatten ihm überall die Haut aufgerissen.

Als die Jäger abends wortlos und bedrückt ohne Beute ins Lager kamen, mussten sie aber doch nicht hungern. Die anderen hatten den ganzen Tag Beeren, Pilze und Wurzeln gesammelt. Dem einen Jäger – er hatte die Wunden notdürftig mit Zunderschwamm verbunden – wollten die Brombeeren aber gar nicht schmecken."

8.500 Jahre später: Archäologen finden in einem Moor bei Prejlerup auf der dänischen Insel Seeland das Skelett eines großen Auerochsen. Zwischen den Knochen liegen vierzehn Pfeilspitzen aus Feuerstein.

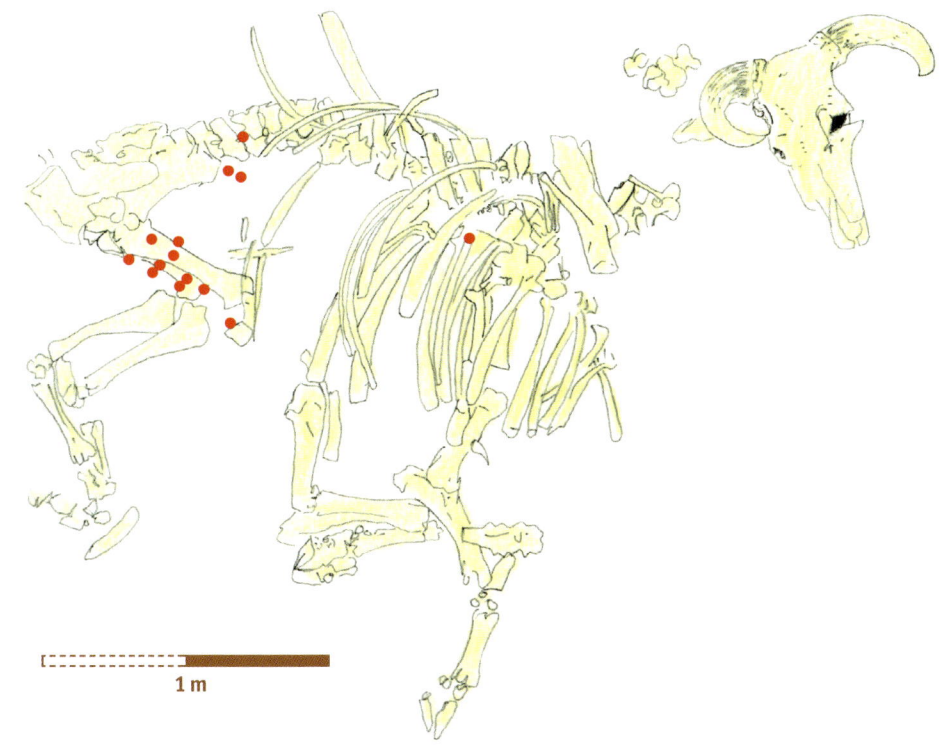

Trotz des Schmerzes war er leise geblieben, aber nicht leise genug. Durch das Rascheln und Fluchen aufgeschreckt, hatte eine Ente den Warnruf ausgestoßen und dann das Weite gesucht. Der Anführer musste denken, der Jäger hätte das Signal gegeben.

Und so war der Plan fehlgeschlagen: Die Jäger mussten mit ansehen, wie der Fleischberg, den sie schon über dem Lagerfeuer braten sahen, vor ihren eigenen Augen im Moor verschwand. Und der Ochse war entkommen, aber nur den Jägern.

Jungsteinzeit (NEOLITHIKUM)

Ungefähr vor 7.000 Jahren änderte sich alles. Von Südosten kamen andere Menschen nach Mitteleuropa. Sie zogen – wie schon die Eiszeitjäger – entlang der Flüsse Richtung Westen und ließen sich überall dort nieder, wo der Boden fruchtbar war. Die Fremden brachten eine neue Lebensweise mit – sie waren Bauern. Sie produzierten ihre Lebensmittel, indem sie Vieh hielten, den Boden bearbeiteten und Pflanzen säten und ernteten.

Sie züchteten Tiere und schlachteten, wenn es nötig war. Gejagt wurde nur nebenher. Der Anteil an Wildtierknochen auf den ausgegrabenen Siedlungsplätzen ist sehr gering. Auch der Pfeilbogen veränderte sich.

Statt Ulme verwendeten die jungsteinzeitlichen Menschen sehr oft das Holz der Eibe. Es ist außerordentlich elastisch und fest und gilt seit dieser Zeit als eines der besten und beliebtesten Bogenhölzer.

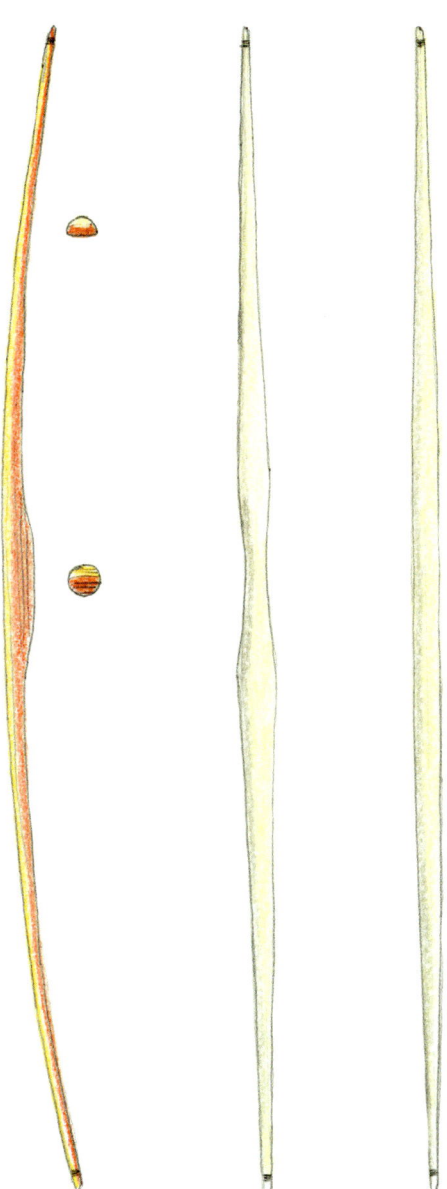

Die neolithischen Bögen waren noch manchmal im Griff schmaler. Aber sie hatten nicht mehr diese deutlich abgesetzten Wurfarme wie ein Holmegaardbogen, sondern verjüngten sich vom Griff gleichmäßig zu den Enden hin. Manche Bögen aus dem Alpenraum haben auch löffelförmige Enden.

Der Bogen dient nun nicht mehr nur zur Jagd auf Tiere.

Der Bauer hat einen Vorteil gegenüber dem Jäger und Sammler: Der Bauer beeinflusst die Natur und kann ernten und essen, wenn ihm danach ist.

Er hält sich seine Nahrung in unmittelbarer Umgebung und kann darauf zugreifen. Aber wenn das Vieh eine Seuche bekommt oder die Ernte vertrocknet, wird seine Familie hungern. Wenn nichts mehr zu essen da ist, kann er bei seinen Nachbarn um Hilfe bitten. Wenn die Nachbarn ihm nichts abgeben können oder wollen, wird der Hunger ihn töten. Ohne Arbeitslosenversicherung oder Sozialsystem – sowas gab es in der Steinzeit noch nicht – muss er betteln gehen oder stehlen.

Und wenn es um Besitz geht, sind die Menschen schon immer sehr aggressiv gewesen.

Mancher Streit endete bereits in der Steinzeit mit einer Pfeilspitze im Rücken. Bestes Beispiel:
„Ötzi", der Gletschermann vom Tisenjoch.

Um seinen Tod vor 5.300 Jahren ranken sich viele Theorien. Schamane, Erzsucher, Hirte, Stammesoberhaupt oder Opfer an die Götter soll er gewesen sein.
Nach den aktuellen Untersuchungen starb er an einer Pfeilspitze aus Feuerstein, die ihm in den Rücken geschossen wurde. Die Spitze durchtrennte eine Schlagader, und der Mann verblutete auf einem 3.000 m hohen Bergpass in den Alpen. Seltsamerweise lag seine ganze Ausrüstung auch noch da. Wäre er dort oben ermordet worden, hätte(n) der(die) Mörder doch sicher das sehr wertvolle Kupferbeil mitgenommen? Es wird noch Jahrzehnte dauern, bis das Geheimnis des „Ötzi" gelöst wird. Wenn es den Archäologen überhaupt gelingen kann…

Man schätzt, dass während der Eiszeit vor 40.000 Jahren in ganz Mitteleuropa ungefähr 100.000 Menschen gelebt haben. Da war Platz für alle. Jeder hatte genug zu essen, und Wild gab es im Überfluss.

Schädel mit eingeschossener Knochenspitze von Porsmose/Dänemark

In der Jungsteinzeit änderte sich das, jetzt wurden auch Menschen mit Pfeil und Bogen verletzt. Immer wieder graben die Archäologen Skelette aus, in denen Pfeilspitzen stecken.
Der Krieg kam zu den Menschen.

Um Getreide anzubauen und Vieh zu halten, brauchte man Landbesitz. Wenn man Land besaß, konnte man mehr Nahrung produzieren.
Die Bevölkerung wuchs, der Boden wurde knapp. Und genauso, wie Pfeil und Bogen einst die Distanz zur gefährlichen Jagdbeute vergrößert hatten, hielt man sich nun damit seine Feinde vom Leib.
Stämme begannen, ihr Land gegen Fremde zu verteidigen. Menschen herrschten über Menschen.
In Nordafrika und Eurasien entstanden die ersten Hochkulturen. Städte wurden gebaut und gewaltige Grabmäler und Tempel wie die Pyramiden in Ägypten errichtet. Immer wieder versuchten einzelne Völker, ihren Machtbereich zu vergrößern, und überfielen ihre Nachbarn.

Ganze Heere von Kämpfern gingen aufeinander los. Unzählige Schlachten wurden geschlagen und viel Blut wurde vergossen. Pfeil und Bogen, einst ein Jagdgerät, wurden nun zur Kriegswaffe.
Neben den bisher gebräuchlichen Stabbögen aus einem Stück Holz kamen nun auch Bogen aus verschiedenen Materialien zum Einsatz. Sie werden **Kompositbogen** genannt.
Die Wurfarme wurden laminiert, das heißt abwechselnd aus harten und elastischen Werkstoffen wie Holz, Geweih, Sehne, Horn und Knochen zusammengesetzt und verleimt. Dadurch wurden die Bögen kleiner und handlich, man konnte sie vom Pferd aus schießen. Trotzdem hatten die Pfeile eine große Durchschlagskraft, denn die Bögen waren durch die Laminat-Bauweise sehr kräftig.
Das war auch nötig, denn die Menschen hatte einen neuen Werkstoff entdeckt, der wieder große Veränderungen verursachen würde: **Metall!**

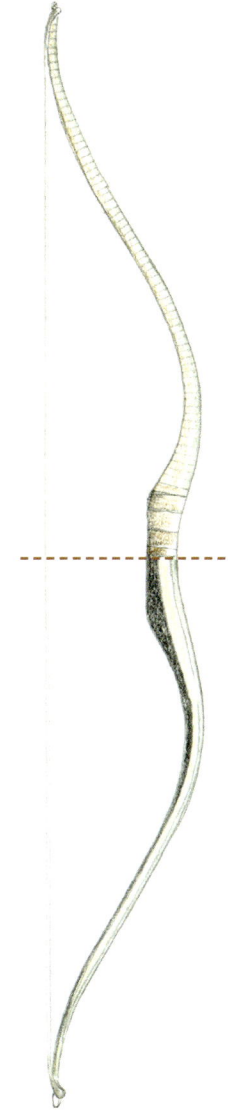

Bronzezeit

Der Ursprung der Menschheit liegt zwar in Afrika. Aber wir Europäer sind nach der Eiszeit sehr stark von einem Gebiet beeinflusst worden, das man den „Fruchtbaren Halbmond" nennt.

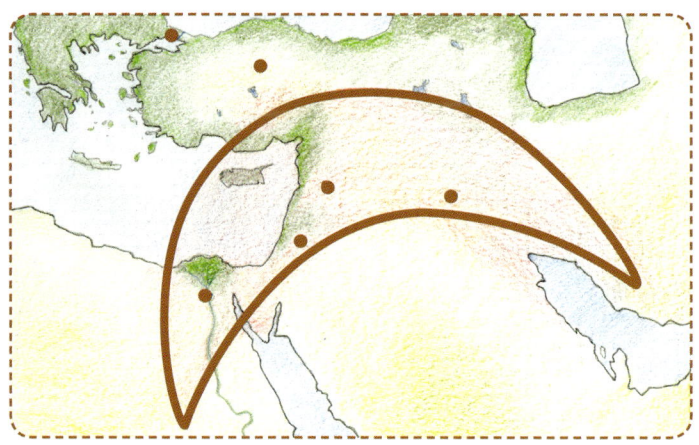

Er umfasst Ägypten, Israel, Libanon, Syrien, Jordanien, die Osttürkei und zieht sich dann nördlich der arabischen Wüste weiter ostwärts entlang der Flüsse Euphrat und Tigris bis hinunter an den persischen Golf.
Die steinzeitlichen Einwohner des „fruchtbaren Halbmondes" waren gut darin, Neues zu erfinden.

Hier wurden die ersten Tiere zu Haus- und Nutztieren gemacht, die ersten Getreidesorten angebaut, die ersten Keramiktöpfe geformt. Und hier stellten irgendwann vor mehr als 8.000 Jahren die Menschen fest, dass bestimmte Steine schmelzen, wenn man sie stark erhitzt.

Das Kupfer wurde entdeckt!

Schmuck, Waffen und Haushaltsgeräte, all das hatte man vorher aus Geweih, Knochen und Feuerstein gemacht. Metall besaß nun den Vorteil, dass man daraus Dinge formen konnte, die sich aus organischem Material nicht herstellen ließen. Man konnte es zu sehr scharfen Schneiden ausarbeiten, und wenn etwas kaputt gegangen war, schmolz man es ein und verwendete es wieder.

Dann stellte einer der frühen Schmiede fest, dass sich Kupfer besser gießen ließ, wenn man es mit Zinn vermischte und schmolz. Dabei entsteht Bronze, ein Metall mit wunderbar goldgelber Farbe. Viel härter als reines Kupfer. Daraus konnte man Rüstungen und Waffen herstellen, Krieger ausrüsten, aus vielen Kriegern Heere bilden und mit den Heeren andere Länder überfallen.

Emailliertes Ziegelrelief aus dem Palast des persischen Königs Dareios in Susa (Iran).

Überall im Mittelmeerraum und Eurasien entstanden Hochkulturen, die ständig miteinander im Streit lagen. Sumerer, Ägypter, Griechen und Phönizier kämpften um die Vorherrschaft.
Auch mit Pfeil und Bogen – aus dieser Zeit gibt es die ersten schriftlichen Hinweise auf ihre Nutzung.

Der griechische Dichter Homer hat ungefähr 700 v. Chr. die **„Odyssee"** aufgeschrieben. Darin wird die Geschichte des Odysseus, Fürst von Ithaka, erzählt. Der will nach zehn Jahren Krieg um Troja endlich nach Hause segeln. Er hat jedoch die Götter verärgert und muss deshalb weitere zehn Jahre auf den Meeren herumirren und viele Abenteuer bestehen.
Als er schließlich seine Heimatinsel erreicht, hat man ihn längst für tot erklärt. In seinem Haus verprassen fremde Männer seinen Besitz und wetteifern darum, seine Frau Penelope zu heiraten.
Schließlich soll ein Bogenwettkampf darüber entscheiden, wer die Fürstin zur Frau bekommt. Man bringt den Bogen des Odysseus, und damit soll ein Pfeil durch die Schäftungslöcher von zwölf hintereinander aufgestellten Äxten geschossen werden. Die Freier schaffen es jedoch nicht einmal, seinen Bogen zu spannen.
Da nimmt Odysseus selbst, als Schweinehirt verkleidet, unerkannt an dem Wettkampf teil. Natürlich lachen ihn die Fremden aus, aber der Fürst spannt den Bogen, schießt den Pfeil durch die Beile und vertreibt alle, die in seinem Haus herumlungern.

Trojanischer Bogenschütze aus dem Aphaia-Tempel von Ägina (Griechenland). Griechische Statuen waren wohl nicht immer weiß, sondern bunt bemalt.

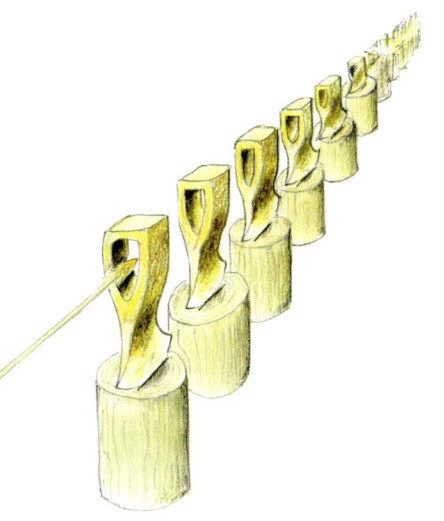

KAPITEL 1 | GESCHICHTE DES BOGENS

Aber es gibt nicht nur Mord und Totschlag in der Bronzezeit. Und Pfeil und Bogen waren nicht nur zum Kampf da.

Mitunter finden sich auch Wildtierknochen bei den archäologischen Funden.
Bilder und Überlieferungen erzählen von Jagdausflügen, zum Beispiel diese Malerei aus einem ägyptischen Grab. Es zeigt einen Adligen auf einem Jagdwagen, in der Hand den Bogen.

Und auch in der Bronzezeit haben Kinder und Jugendliche bestimmt das Zielschießen geübt.

Grab des Userhat, Theben, um 1410 v. Chr.

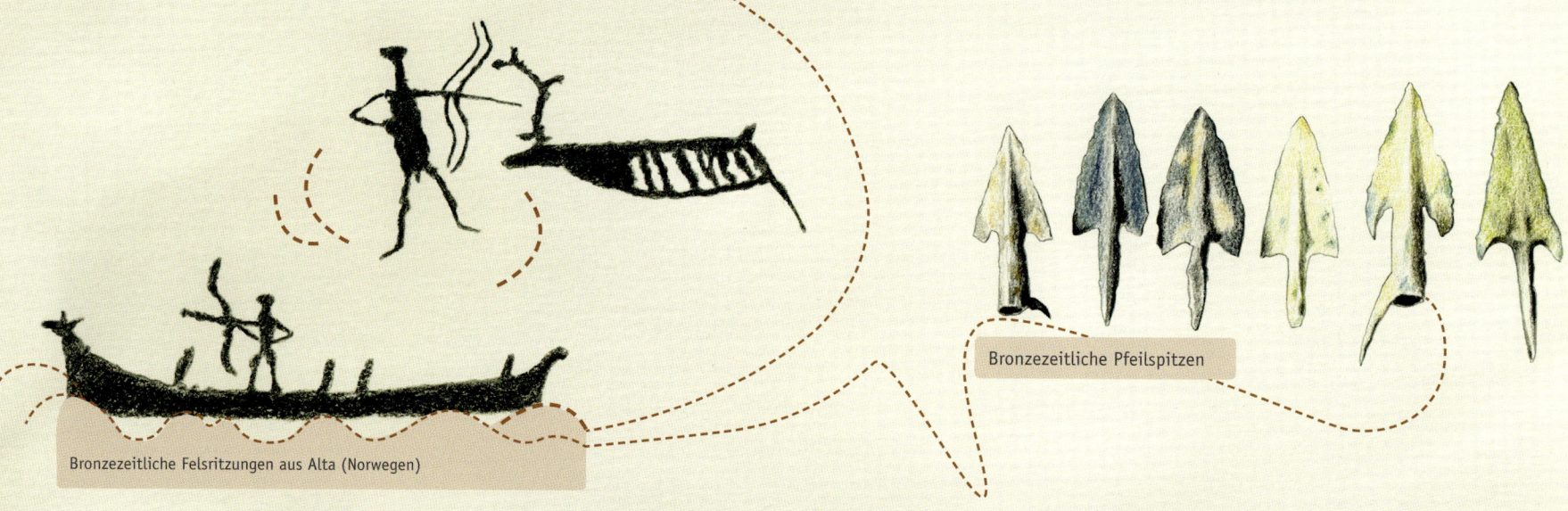
Bronzezeitliche Felsritzungen aus Alta (Norwegen)

Bronzezeitliche Pfeilspitzen

34   KAPITEL 1 | GESCHICHTE DES BOGENS

Eisenzeit

Das Bessere ist der Feind des Guten. Und so endete auch die Bronzezeit, weil die Menschen ein noch besseres Metall kennen lernten: das Eisen. Es ließ sich zu Stahl verarbeiten, und der war härter als alles, was man bis dahin kannte.

Nun wird die Entwicklung der Technik immer schneller: Über Millionen Jahre hinweg haben sich unsere Steinwerkzeuge nicht wesentlich verändert. Dann entdeckt der Mensch das Eisen und fliegt wenig später auf den Mond. Wenig später? Was sind schon ein paar tausend Jahre? Und das Prinzip ist dasselbe – ob man nun einen Pfeil oder eine Rakete fliegen lässt. Aber so weit sind wir noch nicht.

Auch die Eisenzeit ist geprägt von Kriegen und Machtstreben. Es ging um Landbesitz, um Rohstoffe, um Handelswege. Manch ein König meinte, sein Reich sei nicht groß genug, und überfiel kurzerhand seinen Nachbarn. Der rief seinen „großen Bruder", und schon kam Hilfe aus Rom. Dieser kleine Stadtstaat in Mittelitalien hatte sich seit ca. 750 v. Chr. mit dieser Taktik erst ganz Italien angeeignet und dann über den Mittelmeerraum ausgebreitet.

In zahlreichen blutigen Schlachten besiegte **Rom** seine Konkurrenten und stieg schließlich zur Weltmacht auf. Das ließ sich nur mit einer schlagkräftigen Armee bewerkstelligen. Und das römische Heer war gut ausgerüstet. Während der frühen Kaiserzeit hatten Pfeil und Bogen eine eher begrenzte taktische Bedeutung. Aber später wurden häufig Bogenschützen eingesetzt, die manchmal sogar beritten waren.

Oft verpflichteten die Römer ihre Soldaten in den von ihnen besetzten Gebieten und stationierten sie dann am anderen Ende des Reiches. Im Kastell Friedberg in Hessen dienten zum Beispiel Bogenschützen aus Syrien.
Zu Zeiten des Kaisers Vespasian (69 bis 79 n. Chr.) sicherten die 1. und die 4. Aquitanerkohorte mit 1000 Mann das Gebiet der Wetterau. Wie es den Soldaten vom Mittelmeer wohl gegangen ist, als sie hier den ersten Winter mit Eis und Schnee erlebt haben?

Die römischen Bögen waren von den asiatischen Reiterbögen abgeguckt. Die Skythen und Sarmaten, Reiternomaden aus dem Gebiet des heutigen Uralgebirges, kamen im ersten Jahrtausend v. Chr. in Kontakt mit den Griechen und Römern. Sie waren wegen ihrer kurzen, aber sehr starken Bögen gefürchtet.
Es handelte sich um reflexe Kompositbögen. An den Enden der Wurfarme waren so genannte Siyahs angebracht.

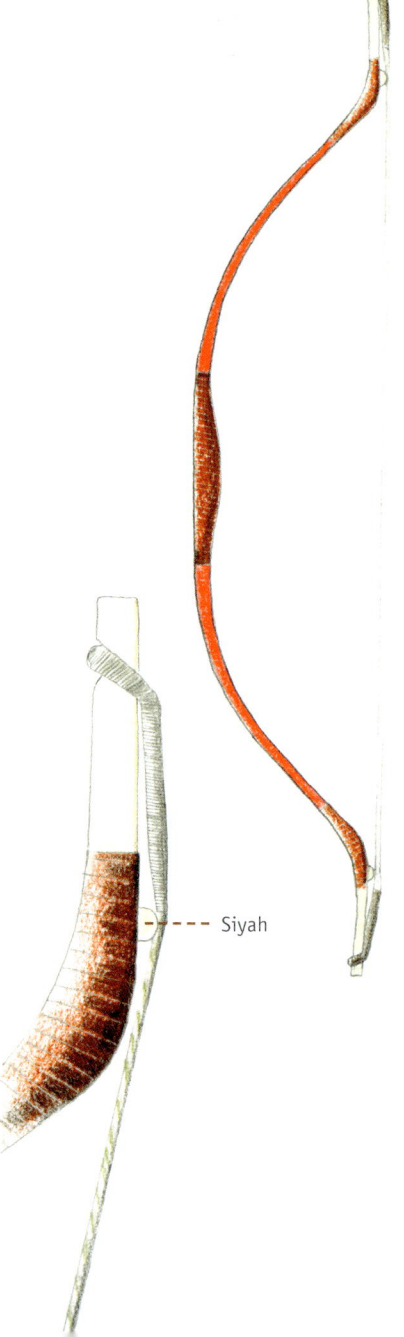

Siyah

Siyahs erfüllen gleich mehrere Funktionen:
Vereinfacht gesagt entwickelt so ein Bogen dadurch noch mehr Kraft, lässt sich aber dennoch leicht ausziehen. Er beschleunigt den Pfeil noch mehr als ein einfacher gerader Holzbogen. So kann der Pfeil sogar Körperpanzer aus Metall durchschlagen. Die Pfeilspitzen aus dieser Zeit haben sehr oft drei Flügel.

Das Imperium der Römer reichte auf dem Höhepunkt ihrer Macht um das Jahr 117 n. Chr. von Schottland bis Ägypten, vom Persischen Golf bis nach Marokko.

Sie herrschten über den größten Teil der damals bekannten Welt. Und auch über ganz Gallien! Das kleine Dorf, das den Römern Widerstand leistete, lag nicht in Frankreich, sondern an der Elbe.
Die Römer waren zwar um Christi Geburt ostwärts bis an den Fluss vorgestoßen und hätten bestimmt Obstbäume bis Berlin gepflanzt, wenn sie nicht von Arminius daran gehindert worden wären.
Dieser Germanenfürst zerstörte den kaiserlichen Traum von einer neuen römischen Provinz. Er rief viele Kämpfer zusammen, lockte im Jahr 9 n. Chr. in den Wäldern bei Osnabrück drei römische Legionen in einen Hinterhalt und vernichtete sie. Auch bei dieser Schlacht kamen Pfeil und Bogen zum Einsatz, das zeigen uns zahlreiche Funde von Pfeilspitzen aus dem Kampfgebiet.

Es wird immer wieder berichtet, dass die Germanen den Bogen verachtet haben sollen, weil sie den Nahkampf von Mann zu Mann bevorzugten. Den Bogenschützen, der mit dem Pfeil auf weite Entfernung tötet, hätten sie für feige gehalten. Leider bleiben die Autoren dieser Berichte den Beweis dafür schuldig.
Tatsache ist, dass die Archäologen viele germanische Bögen gefunden haben, vor allem bei den Ausgrabungen von Nydam in Dänemark. Hier haben Krieger ca. 300 n. Chr. nach einer gewonnenen Schlacht die gesamte Ausrüstung ihrer besiegten Feinde als Opfer an die Götter in einem Moor versenkt. Dabei waren auch 36 Stabbögen aus Eibenholz und Pfeile mit eisernen Spitzen.
Das Besondere an diesen Bögen waren die Spitzen der Wurfarme. Sie bestanden aus Knochen oder Eisen und wurden im Kampf wohl auch als Stoßwaffe eingesetzt, ähnlich wie ein Bajonett an einem Gewehr.
An den Pfeilen konnte man gut erkennen, dass es schon vor 1.700 Jahren Perfektionisten und Pfuscher gegeben hat. Einige Pfeile sind handwerklich sehr sauber hergestellt. Andere sind so schlampig gemacht, dass es einen gruselt.

Auch im Süden Germaniens waren Pfeil und Bogen im Einsatz, wie die Funde von Oberflacht in Baden-Württemberg zeigen. Hier hatte man alamannischen Kriegern ihre Bögen mit in ihr Grab gelegt. Diese Bögen haben im Griffteil einen fünfeckigen Querschnitt. Das ist sehr ungewöhnlich. Sie waren aus Eibenholz und sehr kräftig.

Mittelalter

Die Alamannen gehören aber schon zum frühen Mittelalter, das ab 500 n. Chr. beginnt. Nach dem Zerfall des Römischen Reiches wurde Europa neu aufgeteilt. Die Hunnen zogen aus dem Inneren Asiens mit einem gewaltigen Heer nach Westen und trieben auf ihrem Weg die Menschen vor sich her.

Ganze Völker wurden aus ihrer Heimat verjagt und waren auf der Flucht. Deswegen heißt diese Epoche Völkerwanderungszeit.

Der hunnische Herrscher Attila überquerte mit seiner Streitmacht sogar den Rhein und konnte erst auf den Katalaunischen Feldern westlich von Paris durch ein römisches Heer gestoppt werden. Auch bei dieser Schlacht wurden Pfeil und Bogen eingesetzt.

Vor allem von den Verteidigern, die den angreifenden Truppen empfindliche Verluste beibringen konnten. Nach dem Abzug der Hunnen entwickelten sich kleine Königreiche. Schließlich herrschten die Merowinger und die Franken in Mitteleuropa.

Währenddessen saßen in einem Kloster auf der kleinen Insel Lindisfarne im Norden Englands ein paar Mönche und dachten an nichts Böses. Plötzlich erschien eine Reihe Segel am Horizont. Wenig später war das Kloster seiner Schätze beraubt und niedergebrannt.

Die überlebenden Mönche berichteten ihren entsetzten Zeitgenossen, eine wilde Horde Nordmänner hätte sie überfallen! Die Wikinger waren mit Schwertgeklirr auf die Bühne der Weltgeschichte gepoltert.

Die Wikinger waren gute Bogenschützen, ihre Bögen sind einmalig und meistens aus Eibe gefertigt. Die Enden der Wurfarme waren ziemlich dick und reichten ein Stück über die Sehne hinaus. Sie bogen sich zum Schützen hin, was sehr ungewöhnlich ist.

Eine weitere Besonderheit ist die Aufhängung der Sehne.
Im abgespannten Zustand rutschte sie auf dem Bogenrücken bis zu einem eingesetzten Sehnennagel. War der Bogen gespannt, saß die Sehne oben in einer seitlich angebrachten Sehnenkerbe. Unten wurde sie mit einem Knoten am Bogen befestigt. Einige Bögen und Pfeile hat man bei Ausgrabungen in Haithabu entdeckt, einem Handelsort der Wikinger in Schleswig-Holstein.
Bögen nach wikingischer Bauart sind auf dem berühmten Teppich von Bayeux abgebildet. Der erzählt in gestickten Bildern den Angriff der Wikinger auf England im Jahr 1066.

KAPITEL 1 | GESCHICHTE DES BOGENS

Im Spätmittelalter erreichte der Bogen seine Blütezeit als militärische Fernwaffe.
Vor allem in den Auseinandersetzungen zwischen Frankreich und England im 100 jährigen Krieg spielten englische Bogenschützen eine entscheidende Rolle.

Ein geübter Schütze schaffte es, innerhalb von einer Minute 10 Pfeile abzuschießen. Er legte den sechsten Pfeil auf die Sehne, bevor der erste das Ziel traf.

Bei der Schlacht von Crécy im Jahre 1346 in Frankreich sollen die 6.000 englischen Bogenschützen in vier Minuten 144.000 Pfeile auf die Franzosen abgeschossen haben. Der Himmel war schwarz von Pfeilen.

Viele gepanzerte französische Ritter wurden vom „gefiederten Tod" geholt. Pfeil und Bogen waren den Engländern so wichtig, dass die Könige mehrere Gesetze zum Bogenschießen befahlen.

Im Jahre 1181 verfügte Henry II. im „Assize of arms", dass sich jeder Mann, dessen Jahreseinkommen 2–5 Pfund betrug, mit einem Langbogen auszurüsten hatte.

1369 verbot König Edward III. sogar das Fußballspielen:

> „Hiermit befehlen Wir,
> dass jeder Mann von Leibes Gesundheit in der Stadt London zur Mußezeit und an den Feiertagen Bogen und Pfeile benütze und die Kunst des Schießens erlerne und übe. Auch gebieten Wir, dass sich bei Kerkerstrafe niemand dem Fußball, Handball, Steinstoßen, Holz- und Eisenschleudern, dem Hahnenkampf oder dergleichen eitlen Spielen widme, die keinen Gewinn in sich tragen."

Statt sich zu vergnügen, sollten seine Untertanen lieber für den Krieg üben.

Der größte Teil der mittelalterlichen Kriegsbögen wurde aus Eibe angefertigt. Das führte dazu, dass Eibenholz knapp und teuer wurde. Kaufleute, die Waren nach Britannien exportieren wollten, mussten als zusätzliche Abgabe eine bestimmte Menge Bogenstäbe mitbringen.

In dieser Zeit wurden die Eibenbestände in den Bergen Italiens und Spaniens so geplündert, dass sie sich teils bis heute nicht richtig davon erholt haben. Deshalb steht die Eibe in vielen Ländern heute unter Naturschutz.

1982 wurde vor der englischen Küste bei Southampton das Wrack der „Mary Rose" geborgen. Dieses Kriegsschiff war dort 1545 im Meer versunken. An Bord fand man 137 Eibenbögen, die so gut erhalten sind, dass man sie heute noch ziehen und schießen könnte.
Die Bögen waren zum Teil sehr kräftig, mit Zuggewichten über 90 Pfund. Wenn man Skelette von Bogenschützen aus dieser Zeit findet, kann man sie an den Veränderungen an ihren Knochen erkennen, die durch das ständige Schießen verursacht wurden.

DER ROBIN-HOOD-SCHUSS

Der berühmteste Bogenschütze aller Zeiten ist und bleibt **Robin Hood**.

Der Mann mit der grünen Kapuze lebte im Mittelalter als Gesetzloser im Sherwood Forest, bekämpfte den Sheriff von Nottingham und rettete Richard Löwenherz. Er nahm den Reichen und gab den Armen. So erzählt es die Legende.

Einen realen Menschen, der wirklich gelebt und all diese Heldentaten vollbracht hat, gab es wohl gar nicht.

Der Robin Hood, den wir heute in Kinofilmen und Fernsehserien bewundern, ist eine Kunstfigur. Sie entstand aus mehreren Balladen und Legenden, die im 12.–14. Jahrhundert im englischen Volk gesungen und erzählt wurden.

Zu dieser Zeit sind die einfachen Leute von Adel und Kirche ausgeplündert worden bis aufs letzte Hemd. Sie sehnten sich nach jemandem, der es ihren Peinigern richtig heimzahlte. Viele Abenteuer von Robin Hood wurden später bis ins 18. Jahrhundert dazu gedichtet.

Am bekanntesten ist der so genannte Robin-Hood-Schuss, bei dem ein zweiter Pfeil den ersten spaltet, der schon in der Mitte der Scheibe steckt.

Neuzeit

Mit der Erfindung des Schießpulvers und der Entwicklung von Feuerwaffen in der Frühen Neuzeit ab 1500 wurde der Bogen allmählich aus der Kriegsführung verdrängt.

Schusswaffen wie Musketen und Arkebusen waren viel leichter zu bedienen und durchschlugen die starken Plattenpanzer, mit denen die Ritter sich gegen Beschuss zu schützen versuchten.

Zuletzt wurden Langbögen im englischen Bürgerkrieg in der Mitte des 17. Jahrhundert verwendet. Vereinzelt soll es Einsätze von Bogenschützen bis zum 2. Weltkrieg gegeben haben. Denn der Bogen hat einen Vorteil gegenüber den meisten Schusswaffen. Er ist fast lautlos.

Die nordamerikanischen Indianer und andere Naturvölker haben sehr viel länger – bis ins 19. Jahrhundert – damit gekämpft und gejagt. Dann wurden auch sie vom Weißen Mann mit Schusswaffen beliefert.
Aber als vor ein paar Jahren Piloten im Amazonas-Dschungel einen unbekannten Indianerstamm entdeckten, wurde ihr Flugzeug mit Pfeilen beschossen.
Die Steinzeit ist immer noch nicht zu Ende!

1998: Ein afrikanischer Buschmann bringt seinem Enkel das Bogenschießen bei

Englische Damen der feinen Gesellschaft beim Bogenwettbewerb, 1885

Nachdem der Bogen in Europa aus dem militärischen Gebrauch verschwunden war, wurde er aber weiterhin noch zur Jagd verwendet. Er feierte schließlich ein Comeback als Sportgerät.

Im späten 18. Jahrhundert kam in England das Wettschießen mit dem Eibenlangbogen in Mode. Es wurden Wettkampfregeln aufgestellt, und seit dem 19. Jahrhundert gibt es britische Meisterschaften.

Eine große Rolle spielt das Bogenschießen unter dem Namen „Kyūdō" auch in Japan.

Hier hat der Bogen sich ebenfalls von der Kriegswaffe zum Sportgerät entwickelt und wird gern zur Weiterentwicklung der Persönlichkeit genutzt.

Kyūdō heißt „der Weg des Bogens".

Das Schießen mit Pfeil und Bogen wird wie eine Zeremonie ausgeübt.
Dabei geht es um höchste Konzentration, aber auch Loslassen-können.

Seit 1972 ist Bogenschießen olympische Sportart. In den Jahren 1900, 1904 und 1908 wurden bereits olympische Wettkämpfe abgehalten. Heute schießt man mit Fiberglasbögen, die aus vielen Schichten Holz und Kunststofffasern miteinander verleimt sind.
Diese modernen Bögen sind oft aus drei Teilen zusammengeschraubt: Ein Mittelstück und zwei Wurfarme. Das ist ganz praktisch, weil man den Bogen leichter transportieren und seinen wachsenden Kräften anpassen kann.

Die letzte Entwicklung im Bogensport führte zum so genannten „Schießfahrrad", dem **Compound-Bogen**. Bei diesem Modell wird die Sehne über ein System von Rollen gelenkt, dadurch verringert sich das Zuggewicht. Einen Compound-Bogen kann man voll ausziehen und dann in aller Ruhe zielen, denn man spürt die Kraft des Bogens kaum. Lässt man die Sehne los, wird sie durch die Umlenkrollen sehr stark beschleunigt, und der Pfeil verlässt den Bogen mit Geschwindigkeiten **bis über 300 Stundenkilometern**.

Viele Bogenschützen von heute schießen aber lieber einen traditionellen Bogen. Das muss nicht unbedingt ein Steinzeit- oder Mittelalterbogen sein. Aber man verzichtet soweit wie möglich auf Hilfsmittel wie Rollen, Visiere, Stabilisatoren und so weiter.
Es gibt das ganze Jahr hindurch Meisterschaften in den verschiedensten Klassen. Mich findest du natürlich bei den Wettbewerben mit Nachbauten urgeschichtlicher Jagdwaffen. Bei uns sind nur natürliche Materialien zugelassen.

Mittlerweile ist es auch wieder in Mode gekommen, mit dem Bogen zu jagen und sogar zu fischen. In Deutschland ist das allerdings verboten.
Aber auf einem Turnier um die Wette zu schießen, mit den anderen zu leiden und sich zu freuen, wenn mal ein guter Schuss gelingt: Das ist es, weshalb viele den „gebogenen Stock" so sehr mögen und wertschätzen.

Im ersten Kapitel habe ich dir die **Geschichte von Pfeil und Bogen** seit der Steinzeit erzählt. Jetzt werden wir uns mit dem **Bogenbau** beschäftigen.

Zeittafel

Altsteinzeit	4 Mio. Jahre – 8.000 v. Chr.
Mittelsteinzeit	8.000 – 5.500 v. Chr.
Jungsteinzeit	5.500 – 3.000 v. Chr.
Bronzezeit	3.000 – 800 v. Chr.
Eisenzeit	800 v. Chr. – 0
Christi Geburt, Zeitenwende	0
Römische Kaiserzeit	0 – 375 n. Chr.
Völkerwanderungszeit	375 – 500
Frühmittelalter	500 – 1.000
Hochmittelalter	1.000 – 1.250
Spätmittelalter	1.250 – 1.500
Neuzeit	ab 1.500

Die Jahreszahlen in dieser Tafel sind nur ungefähre Werte. Für den Süden Europas gelten andere Daten als für den Norden. Sogar innerhalb Deutschlands beginnen die einzelnen Epochen zu unterschiedlichen Zeiten.
Das hängt mit der Ausbreitung neuer Technologien zusammen. Als man am Bodensee schon Metalle wie Kupfer und Bronze verarbeitete, haben die Menschen an der Ostsee noch Feuerstein benutzt, um Waffen und Geräte herzustellen.

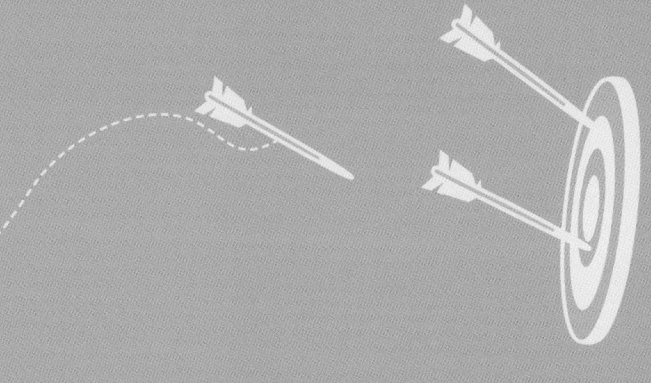

2

Grundlegendes

Zunächst geht es um die Grundlagen:
Wie funktioniert ein Bogen und warum?
Was musst du überlegen und worauf musst du achten, bevor
du anfängst mit Bogenbauen und Bogenschießen?

Zunächst ein bisschen Theorie:
Wie funktioniert ein Bogen überhaupt?

Der Bogen ist eine der ältesten Maschinen, die der Mensch erfunden hat.

Ein Bogen speichert Muskelkraft und gibt sie bei Bedarf wieder ab. Der Schütze zieht an der Sehne, dadurch werden bei einem Holzbogen die Holzzellen auf dem Bogenrücken gedehnt und die auf dem Bogenbauch gestaucht. Die Wurfarme bauen eine Spannung auf, weil die Holzzellen wieder in ihren Ausgangszustand zurückkehren wollen. (Bei Plastik und Metall ist das ähnlich, nur dass hier keine lebendigen Zellen gestreckt und zusammengedrückt werden, sondern die Verbindungen der Atome beziehungsweise Moleküle untereinander).

Wenn der Schütze die Sehne loslässt, entspannen sich die Wurfarme. Die Sehne wird zum Bogen hingezogen und mit ihr der Pfeil. Die Sehne stoppt irgendwann, weil sie ja nur eine bestimmte Länge hat. Weil der Pfeil über die Nocke nur lose mit der Sehne verbunden ist, fliegt er weiter, über den Bogen hinaus Richtung Ziel.
Damit er das Ziel trifft, muss er möglichst ruhig geradeaus fliegen. Dazu muss die gespeicherte Kraft der Wurfarme von der Sehne möglichst gleichmäßig auf ihn einwirken.

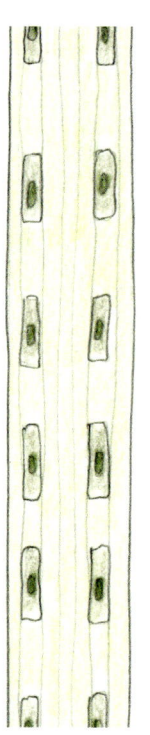
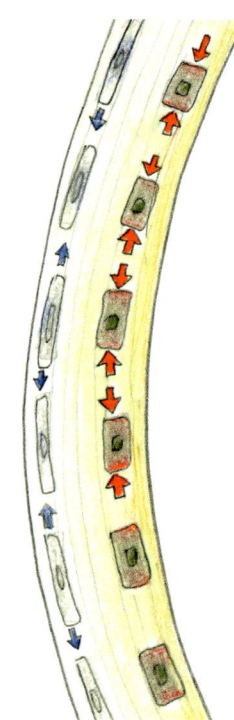

Das bedeutet: Man kann nicht einfach irgendeinen Stock nehmen, eine Schnur dranbinden und damit schießen. Die beiden Wurfarme eines Bogens müssen zueinander passen. Mehr darüber im 6. Kapitel.

Auch die Pfeile kann man nicht aus irgendwelchen Zweigen machen. Sie müssen genau auf den Bogen abgestimmt sein, mit dem sie geschossen werden.

Das liegt an dem so genannten Bogen-Paradox.
Damit bezeichnet man das merkwürdige Verhalten eines Pfeils, der von einem Bogen abgeschossen wird.
Er fliegt nämlich zu Beginn gar nicht „pfeilgerade" auf das Ziel zu. In Wirklichkeit biegt er sich um den Bogengriff herum, schwänzelt auf den ersten Metern seiner Flugbahn hin und her und auf und ab und schraubt sich durch die Luft. Erstens kann der Pfeil ja nicht gerade durch die Bogenmitte, sondern muss seitlich am Bogen vorbei und sich darum herum winden.

Und zweitens liegt das am Massenträgheitsgesetz der Physik. Auf einen Pfeil wird hinten an der Nocke, wo die Sehnenkerbe ist, Kraft ausgeübt, wenn man die Sehne loslässt. Er ist aber lang und biegsam und vorne durch die Spitze schwerer als hinten. Die Spitze bleibt für einen Sekundenbruchteil länger an ihrem Platz als die Nocke, weil sie schwer und träge ist.

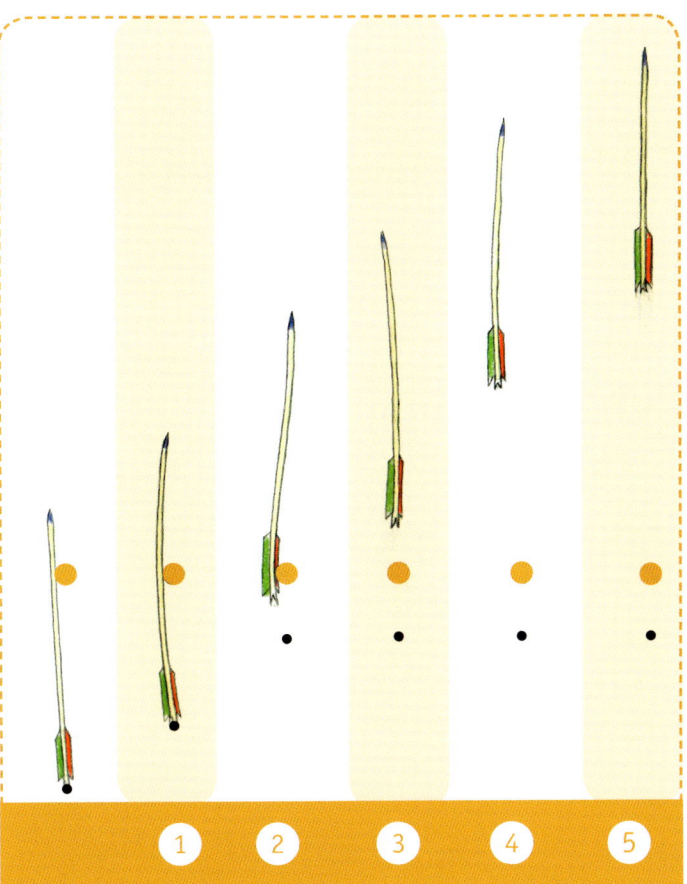

Phase 1 Der Pfeilschaft biegt sich also durch. Wenn er weiter fliegt, biegt er sich nach der anderen Seite und wieder zurück **(Phase 2, 3 und 4)**, er schwingt beim Fliegen hin und her.
Erst nach ein paar Metern hat er sich ausgerichtet und fliegt nun kerzengeradeaus **(Phase 5)**.

DER SPINE-WERT UND DIE ZUGKRAFT

Um diese Schwingungen vollführen zu können, muss der Pfeilschaft eine gewisse Biegsamkeit besitzen (auf Englisch heißt das **„spine"**, zu Deutsch Rückgrat).

- Ist er zu biegsam, wird er beim Abschuss vielleicht brechen, bestimmt aber im Flug trudeln.

- Ist er zu steif, kann er die nötige Biegung und Schwingung nicht mitmachen. Er fliegt sonstwo hin, nur nicht ins Ziel.

Der Spine-Wert eines Pfeils hängt natürlich davon ab, wie viel Zugkraft der Bogen hat. Und die Zugkraft des Bogens hängt davon ab, wie stark der Schütze ist, wie viel Gewicht er ziehen kann.
Die Zugkraft wird in englischen Pfund gemessen, das sind 453 g. Für Anfänger empfiehlt es sich, zunächst mal mit einem schwächeren Bogen zu beginnen. Es nützt nichts, wenn man mit Ach und Krach einen 80-Pfund-Bogen ziehen kann. Aber nicht damit zielen und ordentlich schießen kann, weil das Ziehen so anstrengt, dass man zu zittern anfängt!

LINKS ODER RECHTS?

Bevor man mit dem Bogenschießen beginnt, sollte man klären, ob man mit rechts oder mit links schießen will. Rechtshänder halten normalerweise den Bogen mit der linken und ziehen die Sehne mit der rechten Hand. Bei Linkshändern ist es umgekehrt.

Es gibt aber noch eine andere Voraussetzung, und das ist das **dominante Auge**. Unabhängig von der rechts-links-Orientierung unserer Hände ist eines unserer Augen dasjenige, mit dem wir etwas anvisieren.
Es ist natürlich praktisch, den Pfeil unter dieses Auge zu ziehen, das erleichtert das Zielen. (Es ist aber nicht zwingend wichtig, mit einem Auge zu zielen, mehr dazu im 10. Kapitel.)

So kannst du dein dominantes Auge ganz leicht finden:

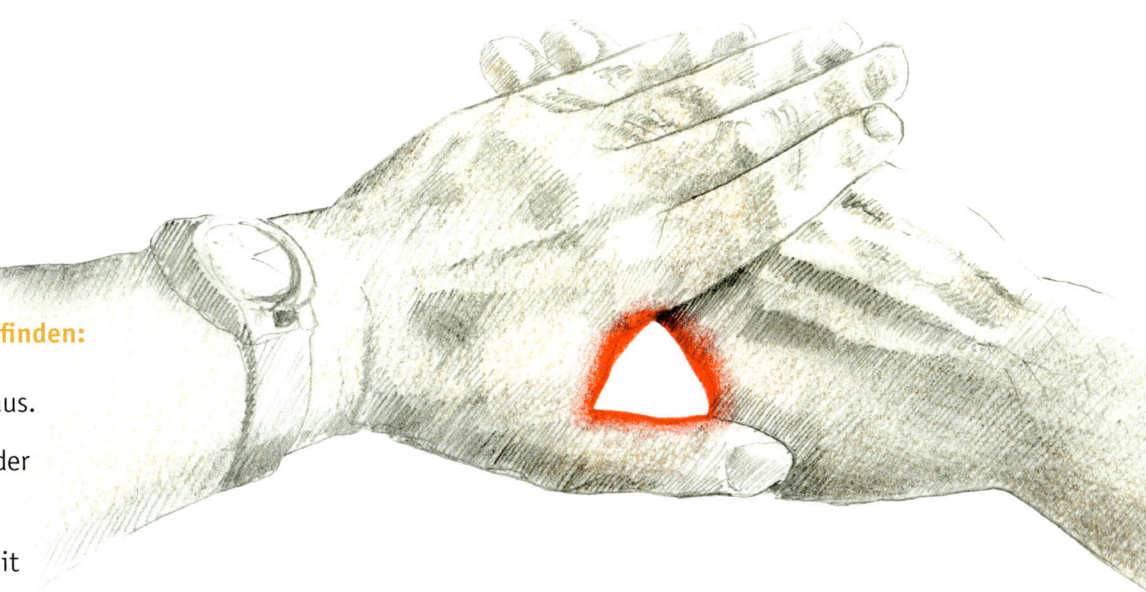

① Strecke deine Arme vor dir auf Augenhöhe aus.

② Forme mit den Händen ein Dreieck wie auf der Skizze.

③ Visiere einen weit entfernten Gegenstand mit beiden Augen an.

④ Schließe abwechselnd das rechte und das linke Auge. Dein dominantes Auge ist dasjenige, mit dem du den angepeilten Gegenstand im Dreieck siehst.

⑤ Oder du gehst dabei mit beiden Händen dicht vor das Gesicht, und die Öffnung in deinen Händen wird dann vor deinem dominanten Auge sein.

Ist es das linke, ist es wahrscheinlich, dass du mit links besser zielen und damit auch linkshändig besser schießen wirst als mit rechts.

Bei den meisten Menschen ist es das rechte Auge. Dann schießt du mit rechts, das heißt, deine rechte Hand zieht die Sehne, die linke hält den Bogen. Man sollte aber einfach auf sein Gefühl achten, wie einem der Bogen besser in der Hand liegt.

Mein dominantes Auge ist z. B. das linke. Ich bin aber Rechtshänder und habe damals einfach angefangen, mit rechts zu schießen. Ich kann das Ziel also nicht direkt anvisieren, aber ich schieße instinktiv und gar nicht so schlecht *ähem*. Zu Plätzen im Mittelfeld reicht es beim Turnier allemal.

Aber man hat beim Bogenschießen ja sowieso immer **beide Augen offen**, damit man das Gefühl für die Entfernungen nicht verliert. Und auch, damit man um den Bogen herum sehen kann. Deshalb ist das dominante Auge gar nicht so sehr wichtig.

Ob rechtshändig oder linksäugig:
Hauptsache, es fühlt sich für dich gut und richtig an.

3

Das Werkzeug

Nun erfährst du, welches Werkzeug du zum Bogenbauen brauchst und woher du es bekommen kannst.

Professionelle Bogenbauer haben meistens eine große Werkstatt mit vielen Geräten und Maschinen, die sie für ihre Arbeit brauchen. Ich gehe davon aus, dass die wenigsten von euch solch eine Werkstatt zur Verfügung haben. Wenn doch, umso besser.

Für die anderen kommt es darauf an, welchen Bogentyp ihr bauen wollt. Ich werde auf den nächsten Seiten zwei Bogenformen zum Nachbauen anbieten:

DER GEBOGENE STOCK

Ganz einfacher Flitzebogen aus einem Haselstock, den man am Lagerfeuer bauen kann, ohne Spezialwerkzeug und großen Aufwand.

FLACHBOGEN À LA HOLMEGAARD

Einfacher Flachbogen mit Griffteil aus einem Stämmchen, für den man sich schon etwas mehr Zeit nehmen muss und auch etwas mehr Werkzeug braucht.

Der gebogene Stock

Für den ganz einfachen Flitzebogen brauchst du:

- ✓ **Meterstab** (Zollstock), **Bleistift**
- ✓ **Säge** (Fuchsschwanz oder Puk-Säge, Garten-Klappsäge)
- ✓ **Messer** (scharfes Fahrtenmesser mit stehender Klinge, kein Taschen- oder Klappmesser, kein Teppich- oder Bastelmesser)
- ✓ **Dünnen Holzstab**, ca. 80 cm lang
- ✓ **Paketschnur**, mind. 2 mm dick ca. 1,6 m lang
- ✓ **Speiseöl**, **Stofflappen**

Holmegaard

Für einen Flachbogen à la Steinzeit brauchst du etwas mehr:

- **Meterstab** (Zollstock), **Bleistift**
- **Gerade dünne Holzlatte**, **Winkel**
- **Säge** (Fuchsschwanz, Bügelsäge oder Garten-Klappsäge, Stichsäge)
- **Kleines Handbeil**, **Hauklotz**, eventuell **Holzkeile** + **Hammer**
- **Messer** (scharfes Fahrtenmesser mit stehender Klinge, kein Taschen- oder Klappmesser, kein Teppich- oder Bastelmesser)

  oder noch besser: **Ziehhobel** und **Ziehklinge**
- **Raspel** (nicht zu grob) + **Feile**
- **Schleifpapier** 80er Korn und 160er Korn
- **Melkfett** oder **Speiseöl**, **Stofflappen**
- **Dünnen Holzstab**, ca. 80 cm lang
- **Dachlatte**, eine Kante mind. 4 cm breit, etwa 1 m lang
- **10 Holzdübel (8 mm)**, **8 mm Holzbohrer**
- **Leim**
- **Paketschnur**, mind. 3 mm dick + ca. 1,8 m lang
- **Sternchenzwirn**

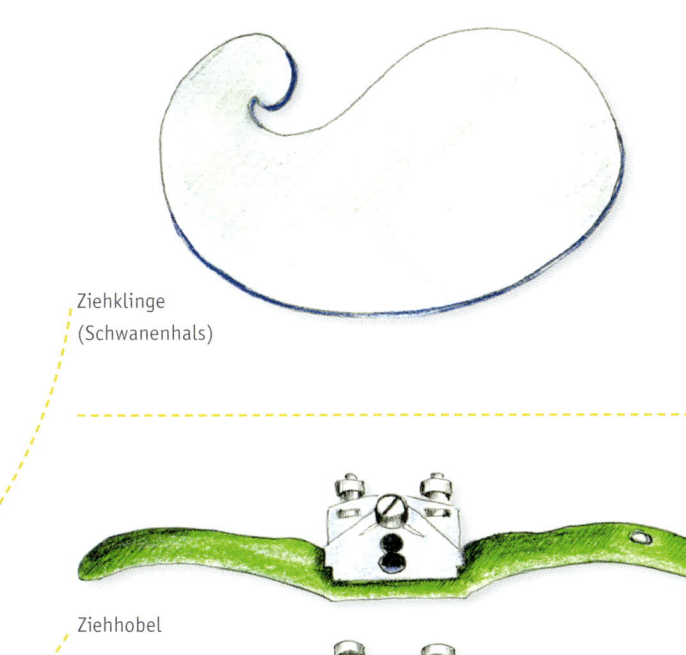

Ziehklinge (Schwanenhals)

Ziehhobel

Von großem Nutzen sind auch ein Schraubstock und ein paar breite Streifen aus dünnem Weichholz oder dickem Leder.

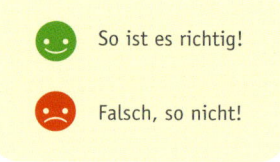

Manche Arbeiten kann man zuhause in der Küche erledigen – wenn man die Erlaubnis bekommt (Mütter/Väter sehen es manchmal nicht so gern, wenn man in der Küche mit Holz arbeitet).

Für manche Arbeitsschritte geht man besser nach draußen, z. B. wenn man Holz schleifen muss, wegen des Staubes. Deswegen bietet sich der Sommer zum Bogenbauen an.

Die Werkzeuge bekommt man in den meisten Baumärkten, bis auf den Ziehhobel und die Ziehklinge, die gibt es nicht überall. Du kannst sie bestellen, zum Beispiel bei www.dick.biz.

Die Ziehklinge ist, wenn man sie kauft, scharf. Aber sie wird im Laufe der Zeit stumpf. Das Schärfen ist selbst für Erwachsene schwierig. Wenn man es nicht richtig gelernt hat, rutscht man schnell ab und verletzt sich böse.

Wenn die Ziehklinge stumpf ist, gehst du zum Tischler in der Nachbarschaft, und lässt dir erklären, wie man sie schärft.

Statt einer Ziehklinge kannst du auch eine Glasscherbe mit rechtwinkliger Bruchkante nehmen. Aber dann bitte Arbeitshandschuhe anziehen. Und wenn du dir Werkzeug von deinen Eltern ausleihst, frag sie bitte vorher.

Eines Tages war meine teure japanische Präzisionssäge verschwunden, die ich nur für komplizierte Holzarbeiten benutze, wo es auf 100 % Genauigkeit ankommt.

Wo fand ich sie wieder? Mein Sohn hatte mit seinen Pfadfinderkumpels ein Baumhaus gebaut und mit der Säge verschmutztes Bauholz mit Eisennägeln drin zersägt. Natürlich war die gute Säge danach nur noch Schrott.

Sicherheitshinweise:

Beim Arbeiten mit scharfem Werkzeug solltest Du immer auf folgendes achten:

- **Arbeite möglichst nicht allein.** Wenn etwas passiert, ist es immer gut, wenn noch jemand da ist, der Hilfe holen kann.
- **Arbeite mit dem Werkzeug immer von dir weg.** Wenn du mit einem Messer zu dir hin arbeitest, könntest du abrutschen und dich böse verletzen.
- **Arbeite nur, wenn du gute Laune hast und dich wohlfühlst**, sonst geht durch Hektik, Ungeduld und mangelnde Konzentration schnell was daneben.
- **Arbeite mit elektrischen Maschinen nur, wenn Erwachsene dabei sind.** Trag bei der Arbeit einen Gehörschutz.
- **Hab immer einen Verbandskasten dabei,** oder zumindest ausreichend Pflaster, falls doch mal was passiert.
- **Bei Schleifarbeiten solltest du eine Staubmaske tragen** und im Freien arbeiten, denn bestimmte Holzstäube sind gesundheitsschädlich.

Nicht alle Zeichnungen in diesem Buch sind maßstabsgetreu.
Halte Dich immer an die angegebenen Maße!

Das Material

Hier dreht sich alles darum, welches Holz du für einen Bogen nehmen kannst, worauf du beim Aussuchen und Absägen achten musst, und woher du das Holz bekommst.

Jetzt kommen wir zu einem ganz wichtigen Punkt, für den du dir fast noch mehr Zeit nehmen solltest als für den Bogenbau selbst: Die Auswahl des Holzes. Denn so wie man aus einer alten Schrottkarre keinen Rennwagen machen kann, kannst du aus schlechtem Holz auch keinen guten Bogen bauen.

Der richtige Zeitpunkt

Es ist nicht ratsam, jetzt sofort zum nächsten Gebüsch zu rennen, einen Ast abzusägen und in einer halben Stunde einen Bogen bauen zu wollen. Vor allem nicht mitten im Sommer. Das Holz ist im Sommer grün und voller Saft. Wenn man den Bogenstab in diesem Zustand biegt, dann werden die Holzzellen gestaucht und gestreckt.
Bis zu einem bestimmten Punkt kann man das machen. Wenn man den Stab aber zu weit biegt, dann platzen und reißen die weichen Holzzellen unter der Überlastung. Die Zellwände brechen zusammen, und der Bogenstab wird entweder brechen oder sich nicht mehr in seine ursprüngliche Form zurückbiegen. Dann war die ganze Arbeit umsonst.

Holz wird traditionell im Winter gefällt. Dann ist wenig Saft im Baum, das Holz braucht wesentlich weniger Zeit zum Trocknen. Außerdem kann man die einzelnen Äste oder Stämmchen besser sehen, wenn keine Blätter die Sicht versperren.
Wenn du also planst, im nächsten Sommer einen Bogen zu bauen, dann solltest du den Rohling im Winter davor besorgen. Dann kann das Holz lange genug trocknen.

Der Saft verdunstet aus den Zellen, die Zellwände trocknen langsam, härten aus und werden dadurch stabil. Das Holz wird hart, behält aber seine Spannkraft. Die beste Zeit ist um den ersten Neumond im Jahr.

Wenn du irgendwo geeignete Sträucher entdeckt hast, dann versuche, den Eigentümer des Grundstücks herauszufinden. Frage ihn, ob du dir Holz schneiden darfst. Bei öffentlichen Anlagen oder Straßen ist die Gemeinde bzw. das Gartenbauamt oder die Straßenmeisterei zuständig.
Außerdem sollte man in der Vegetationsperiode vom 1. März bis zum 31. September nichts aus der Natur entnehmen. Und natürlich muss man Verbote wie das Herumsuchen und Steckenschneiden in Naturschutzgebieten respektieren! Wenn dein Bogenrohling im Wald wächst, fragst du beim zuständigen Forstamt nach. Förster sind meistens sehr hilfsbereit, wenn man sie vorher fragt.
Vorsicht an Straßen: niemals entlang der Fahrbahn laufen, vor allem nicht an Autobahnen! Sonst werdet ihr ruckzuck in den Radio-Verkehrsnachrichten erwähnt und von der Polizei nach Hause gebracht!

Das richtige Holz

Viele, die zum ersten Mal einen Bogen bauen wollen, haben mal was von den sagenhaften englischen Langbögen aus Eibe gehört und wollen unbedingt einen Bogen aus diesem Holz bauen.

Davon rate ich ab.

Erstens ist Eibe sehr schwer zu beschaffen, weil sie kaum noch in der freien Natur wächst und zudem unter Naturschutz steht.

Zweitens sind fast alle Teile des Baumes extrem giftig.

ICH EMPFEHLE FOLGENDE HÖLZER:

Ahorn

(acer sp.)

Es gibt viele Ahorn-Arten, für uns kommen Spitzahorn, Bergahorn und Feldahorn in Frage.
Ahorn ist nicht das beste Bogenholz, zur Not kann man es aber nehmen.

Eberesche

(sorbus aucuparia)

Auch bekannt als Vogelbeere. Gutes Bogenholz, nicht ganz einfach zu bekommen.

Esche
(fraxinus excelsior)

Mäßiges bis gutes Bogenholz, verliert zunehmend an Spannkraft, leicht zu bekommen.

Hartriegel

(cornus sanguinea)

Gutes Bogenholz, auch für den gebogenen Stock, leicht zu bekommen, eher für kleinere Bögen geeignet.

Hasel
(corylus avellana)

Gutes Bogenholz, vor allem für den gebogenen Stock, sehr leicht zu bekommen.

Holunder
(sambucus nigra)

Gutes Bogenholz, sehr hart, nicht für den gebogenen Stock geeignet, leicht zu bekommen.

Ulme
(ulmus sp.)

Sehr gutes Bogenholz, aber sehr schwer zu bekommen. Seit den 1920er Jahren infiziert der normalerweise harmlose Splintkäfer den Baum mit einem aus USA eingeschleppten Pilz, der den Wassertransport im Baum zerstört.

Weißdorn
(crataegus)

Gutes Bogenholz, sehr hart, nicht leicht zu bekommen.

Robinie
(robinia pseudoacacia)

Gutes Bogenholz, aber nicht einheimisch. Obendrein muss das gesamte Splintholz entfernt werden, das ist eine Arbeit für Fortgeschrittene.

HOLZ FÄLLEN

DER GEBOGENE STOCK

Für den einfachen Flitzebogen nehmen wir Hasel oder Hartriegel. Das Holz beider Sträucher ist ausreichend hart und elastisch. Außerdem wächst es so gut wie überall. Die besten Stecken wachsen in Gebüschen und Hecken, an Straßenrändern und Bachufern. Wenn der Strauch unter größeren Bäumen steht und nicht allzu viel Licht bekommt, findest du in der Mitte schöne gerade Stangen, die von unten bis oben gleichmäßig dick gewachsen sind.

Such dir eine aus, die besonders gerade ist und einen Durchmesser von 2–3 cm hat. Sie sollte mindestens so lang sein, wie du groß bist, am besten 20–30 cm länger. Wenn sie in eine Richtung etwas gebogen ist, macht das nichts. Sie sollte nur nicht wie ein Korkenzieher gewachsen sein oder oben anders gebogen sein als unten oder einen scharfen Knick haben.

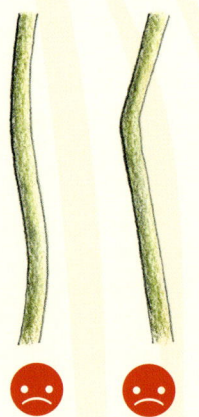  

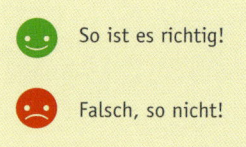

Achte darauf, dass sie möglichst keine Äste und keine Verletzungen hat. Geh ruhig ein paarmal um die Stange herum und prüfe sie ganz genau. Wenn alles passt, sägst du sie ab. Beim Absägen solltest du die Stange ganz leicht vom Sägeschnitt wegdrücken, dann klemmt die Säge nicht.

Pass auf, dass du zum Schluss langsam sägst und das Holz mit der Säge möglichst ganz durchtrennst. Sonst bricht die Stange ab und dann reißt womöglich an einer Seite ein langer Span ab. Das gilt es zu verhindern. Säge an verschiedenen Stellen mehrere Stangen ab. Dann hast du eine Auswahl und Reserve, falls irgendwas schief geht.

Wenn du die Stangen geschnitten hast, gibt es zwei Möglichkeiten: Entweder machst du gleich weiter und formst die Haselstange zu einem Rohling. Oder du lagerst das Holz für eine gewisse Zeit.

Wenn du die Zeit hast, solltest du das Holz auf jeden Fall lagern, solange es geht. Dann kann das Holz in Ruhe trocknen, und dein Bogen hält länger und schießt besser. Man sagt, dass Holz pro 1 cm Dicke ein Jahr trocknen soll. Natürlich willst du aber sofort mit Pfeil und Bogen rausgehen. Deswegen einigen wir uns in der Mitte. Wenn du das Holz im Winter geerntet hast, dann kannst du im Sommer daraus einen guten Bogen bauen. Soviel Vorausplanung solltest du investieren. Der fertige Bogen wird es dir lohnen.

Ganz wichtig: Streiche die beiden Schnittflächen, wo du die Stange abgesägt hast, mit Leim ein. Damit verhinderst du, dass hier am so genannten Hirnholz, wo die Zellen freiliegen, der Saft zu schnell verdunstet.
Das Ergebnis wäre, dass die leeren Holzzellen schrumpfen, und irgendwann reißt die Holzstange in der Mitte auf. Blöderweise reißt das Holz immer da, wo man es nicht brauchen kann.

Also: Leim drauf und trocknen lassen. Auch die Rinde lässt du auf dem Holz, sie sorgt genauso dafür, dass es langsam austrocknet.

Lagere das Holz möglichst draußen, an einem schattigen, trockenen Ort, wo viel Wind hinkommt. Also unter einem Vordach, auf dem Balkon, in einem Schuppen. Und dann heißt es warten. Zeit genug, um in diesem Buch weiterzulesen. Oder in anderen Büchern. Oder schon mal Federn für Pfeile zu besorgen…

Die Trocknung lässt sich beschleunigen, wenn man den Bogen nach ein oder zwei Monaten draußen in die geheizte Wohnung nimmt und da unter das Bett oder auf den Schrank legt. Aber keinesfalls in die Nähe der Heizung. Bevor du aus dem Holz dann einen Bogen baust, muss es aber noch mal ein paar Wochen nach draußen. Wenn du bei der Trocknung zu ungeduldig bist, wird das Holz unbrauchbar. Dann musst du noch mal ein ganzes Jahr warten.

KAPITEL 4 | HOLZ

HOLZ FÄLLEN

HOLMEGAARD-BOGEN

Für den Flachbogen reicht eine dünne Haselstange nicht aus. Du brauchst ein Stämmchen von mindestens 4 cm, eher 5–6 cm Durchmesser. Hasel kannst du zwar nehmen, ich würde aber eher Esche, Hartriegel oder Holunder empfehlen.

Beim Aussuchen gehst du ähnlich vor wie oben beschrieben, aber du solltest noch auf ein paar mehr Dinge achten. Schöne gerade Stämmchen wachsen an Waldrändern, auf Lichtungen, in Hecken, Gebüschen und an Fluss- und Bachufern. Such Dir ein schönes aus und lass dir Zeit dabei.

Achte nicht nur auf geraden und fehlerfreien Wuchs, sondern auch auf die Rinde.

Läuft sie in geraden und senkrechten Bahnen am Stamm hoch? Oder windet sie sich spiralförmig darum herum? Dann lass den Baum stehen, denn er ist drehwüchsig. Während seines Wachsens haben sich die Lichtverhältnisse geändert. Der Baum hat sich immer wieder nach der Sonne ausgerichtet. Sein Holz ist untauglich, denn der Bogen, den du daraus machst, sieht aus wie ein Flugzeugpropeller und schießt auch so.

Drehwuchs kann man an der Rinde erkennen, manchmal auch an kleinen toten Ästen, die sich in einer spiraligen Linie auf der Borke abzeichnen.

Wenn du ein passendes Stämmchen gefunden hast: Gerade und gleichmäßig gewachsen, ohne große Äste, mindestens so lang wie du groß bist – dann finde heraus, wem er gehört, und frage, ob du ihn umsägen darfst. Erst dann fällen und mitnehmen.

Einer meiner Freunde hat mal von einem Holzstapel an einem Autobahnrastplatz drei schöne Stämmchen mitgenommen Er wurde erwischt und wegen Diebstahls angezeigt. Er hat sich nur retten können, indem er mit den Angestellten der Autobahnmeisterei ein kostenloses Bogenbauseminar durchgeführt hat.

Ein anderer Freund wollte bei Nacht an der Autobahn eine sechs Meter hohe Ulme fällen und hatte sie auch schon fast umgesägt. Doch dann drehte sich der Baum und fiel quer über die Fahrbahn. In letzter Sekunde ist es ihm noch gelungen, den Stamm wieder von der Straße zu ziehen, bevor ein Auto hineinfuhr. Danach musste er sich vor Anstrengung übergeben, sein ganzer Wagen war verdreckt. Und er hatte sich in Armen und Beinen mehrere schmerzhafte Muskelfaserrisse eingehandelt.

Auf solche Abenteuer solltest Du unbedingt verzichten! Denn es geht auch anders, „ehrlich währt am längsten!" Nach einem abendlichen Kinobesuch in der Stadt entdeckte ich eine wunderschöne Eibe und war schon in Versuchung, sie im Schutz der Dunkelheit einfach zu klauen. Ich habe mich dann aber besonnen und am nächsten Morgen bei der Stadtgärtnerei angerufen und gefragt. Dort hieß es: „Nein, diesen Baum können Sie leider nicht haben, der steht dort schon lange und gut.

Aber am Kindergarten in der XYZ-Straße müssen alle Eiben gefällt werden, die dürfen Sie sich holen."
Fragen lohnt sich immer und schützt vor unklugen und vorschnellen Dummheiten.

Wenn du ein richtiges kleines Bäumchen fällst, dann solltest du einen Erwachsenen oder zumindest einen Freund mitnehmen, der mithilft und aufpasst. Achte darauf, dass der Baum nicht irgendwo drauffällt, wo er etwas kaputtschlagen kann. Auch ein kleiner Baum von ein paar Metern Höhe wiegt ganz ordentlich. Pass vor allem auf, dass er dir nicht selbst auf den Kopf fällt!

Wenn das Stämmchen dann bei dir zuhause liegt, und es ist dicker als 6 cm, solltest du es spalten. Ansonsten kannst du die Rohform auch mit dem Beil aus dem Stamm herausschlagen. **Das Spalten hat mehrere Vorteile:** Du erkennst sofort, ob der Baum drehwüchsig ist. Und das Holz trocknet schneller.

Vorher musst du allerdings festlegen, welcher Teil des Stämmchens Bogen werden soll. Lege es dazu auf den Boden und peile sorgfältig am Stamm entlang.
Hat er eine Seite, die ein klein bisschen einwärts gebogen ist (man nennt das konkav)? Diese Seite nimmst du, mehr dazu auf Seite 84.

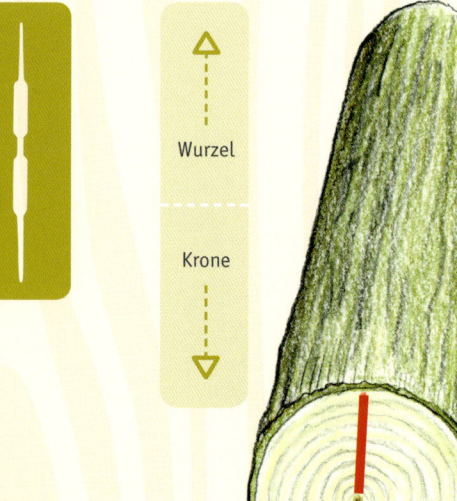

Wurzel
Krone

Gute Seite (Links)   Markröhre

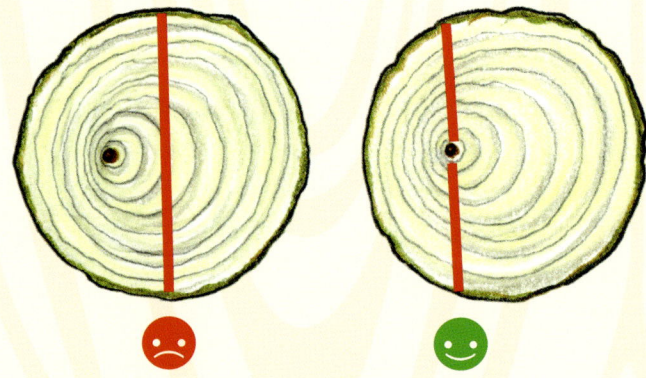

Das Spalten geht am besten so: „Man spaltet, wie der Vogel scheißt", sagt eine alte Regel. Also von der Krone zur Wurzel, von oben nach unten. Zeichne auf der oberen Schnittfläche an, wo du den Stamm halbieren willst, so dass die gewünschte Seite abgespalten wird.

Der Strich muss durch die Markröhre verlaufen, die sitzt nicht immer in der Mitte! Aber nur von hier aus lässt sich das Holz gut spalten.

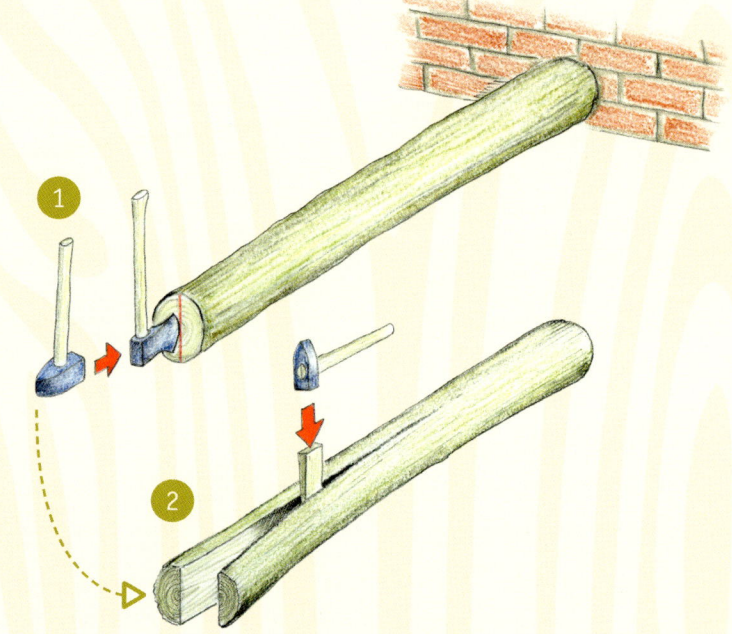

Lege den Stamm mit der unteren Schnittfläche an eine Mauer oder einen großen Stein/Betonsockel. Die sollten etwas aushalten können, nicht dass du die schöne Natursteinmauer vom Opa einreißt…
Setze das Beil mit der Schneide auf den Bleistiftstrich und schlage mit dem Hammer auf den Nacken.
Normalerweise spaltet sich der Baum jetzt in zwei Hälften. Manchmal muss man noch ein bisschen nachhelfen. Dazu kannst du weiter auf den Beilnacken schlagen oder Holzkeile zu Hilfe nehmen. Die steckst du seitlich in den Spalt und schlägst vorsichtig drauf. Achte auf deine Füße!

Wenn das Stämmchen gespalten ist, kannst du genau sehen, ob es drehwüchsig war: Wenn die Spaltflächen an den Enden nicht parallel verlaufen, sondern schräg zueinander stehen, dann hast du einen „Propeller" erwischt. Daraus kannst du leider nur noch Brennholz machen, aber dann war die Arbeit wenigstens nicht ganz umsonst.

So wie bei mir, als ich mal von der Verwaltung eines großen Friedhofs 60 Eibenstämmchen geschenkt bekam. Die Friedhofsarbeiter hatten sie schon umgesägt und mir vor das Eingangstor gelegt.

In einer Riesenaktion schaffte ich sie zu mir nach Hause und freute mich täglich über den Haufen Bogenholz. Nach ein paar Tagen hatte ich Zeit und begann, sie zu spalten. Am Abend des Tages hatte ich mit viel Lärm, Schweiß und Muskelschmalz etwa einhundert völlig verdrehte Propeller hergestellt. Nur zehn Stämmchen waren überhaupt zu etwas brauchbar. Verheizen wollte ich das Holz nicht, denn es ist ja, wie wir wissen, sehr giftig.

Also habe ich es schweren Herzens wieder zum Friedhof zurückgefahren und dort entsorgt. Am meisten tat es mir um die Gärtner leid, die mir ja nur einen Gefallen tun wollten…

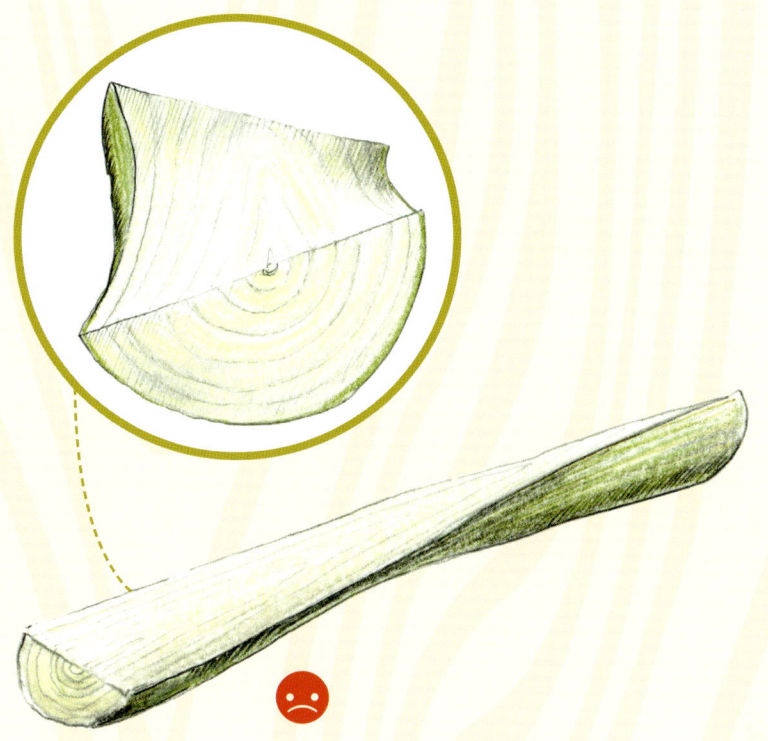

Wenn alles super gelaufen ist, dann hast du jetzt zwei Stammhälften, die gerade geblieben sind. Die bessere hattest du vorher schon herausgesucht, markiere sie auf der Stirnfläche mit einem A und schreib das Datum und den Fällort dazu.
Jetzt versiegelst du die Schnittflächen mit Leim und lagerst den Stab wie oben beschrieben. Über die Spaltfläche und die Rinde kann das Holz jetzt seine Feuchtigkeit gleichmäßig und langsam an die Luft abgeben.

5

Der Bogenstab

Nun brauchst du Meterstab, Papier und Bleistift. Du zeichnest deinen Bogen und erfährst, wie du die Rohform aus dem Holz befreien kannst.

Jetzt kommen wir nach all den Vorbereitungen endlich zum richtigen Bogenbau. Aber zuerst musst du festlegen, wie dein Bogen werden soll.

Manche sagen, ein Bogen soll so lang sein wie derjenige, der ihn schießt. Das trifft aber nicht für jede Situation zu, denn ein langer Bogen kann im Wald schnell mal oben an einem Ast anschlagen.

Ein kurzer Bogen ist aber sehr anfällig gegen Haltungs- oder Ablassfehler.

Ich mache meine Bögen so lang, dass sie mir bis zur Nasenspitze reichen. Denn ich schieße nicht vom Rücken eines Pferdes oder aus einem schmalen Kanu.

Miss also die Strecke vom Boden bis zu deiner Nasenspitze und gib 3 cm hinzu. Das ist die Länge deines Bogens. Die drei Extrazentimeter sind als Schutz bei der Arbeit gedacht. Während du an dem Bogenstab arbeitest, musst du ihn häufig mit einem Ende auf den Boden oder einen Hauklotz stellen. Dadurch wird das Holz ziemlich verdrückt, es fasert aus und wird unansehnlich. Die 1,5 cm oben und unten lässt du so lange am Stab dran, bis der Bogenstab rundum fertig ist und keine Belastungen an den Enden mehr zu erwarten sind. Erst dann solltest du sie absägen.

Beide Enden 5 – 10 cm

DER GEBOGENE STOCK

Du kannst die gemessene Strecke + 3 cm jetzt auf dem Stock anzeichnen. Richte es so ein, dass du den Meterstab nicht am Stockende anlegst, sondern 5 – 10 cm davon entfernt, damit du diese 5 – 10 cm später absägen kannst. Manchmal reißt das Holz nämlich von der Schnittfläche her doch ein, und eingerissenes Holz können wir am Bogen nicht gebrauchen. Wenn du das Maß angezeichnet hast, sägst du den Stock auf Länge.

Die Rinde kannst Du auf dem Bogen lassen. Wenn du ihn verzieren willst, kannst du sie an einigen Stellen abschnitzen.

Du kannst zum Beispiel eine Spirale rundherum abschälen, wie ich es als kleiner Junge bei meinem ersten Bogen gemacht habe. Wenn du die Rinde abnehmen willst, lies bitte auf der nächsten Seite weiter.

Miss die Länge des Stabes und halbiere sie, dann hast du die Mitte des Bogens.

Nun legst du fest, wo bei deinem Bogen oben und unten sein soll. Am besten bleibt es so, wie der Stab gewachsen ist. Was draußen im Wald unten war, bleibt auch unten.

Miss die Breite deiner Hand aus (ohne Daumen), das ist das Maß für den Griff. Gib zwei Zentimeter hinzu und zeichne den Griff von der Mitte ausgehend nach unten an.

Die zwei Zentimeter bleiben oberhalb der Bogenmitte. Dieses Stück des Bogens wird nicht mehr verändert.

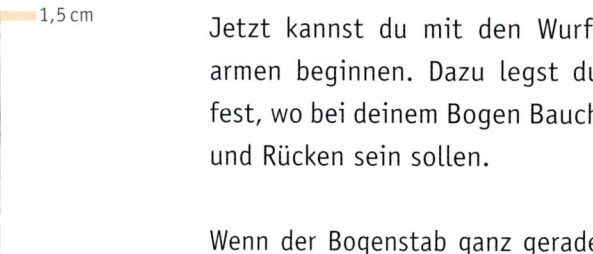

Jetzt kannst du mit den Wurfarmen beginnen. Dazu legst du fest, wo bei deinem Bogen Bauch und Rücken sein sollen.

Wenn der Bogenstab ganz gerade und gleichmäßig gewachsen ist, kannst du es machen, wie du willst.

Ist der Stab ein wenig gebogen, nimmst du die nach innen gebogene (konkave) Seite als Rücken. Dadurch wird der Bogen stärker. Er ist nicht in Richtung Schütze vorgebogen, sondern von ihm weg. Dadurch baut er mehr Spannung auf.

Du kannst aber auch die nach außen gebogene (konvexe) Seite verwenden. Dann wird der Bogen jedoch nicht so kräftig werden.

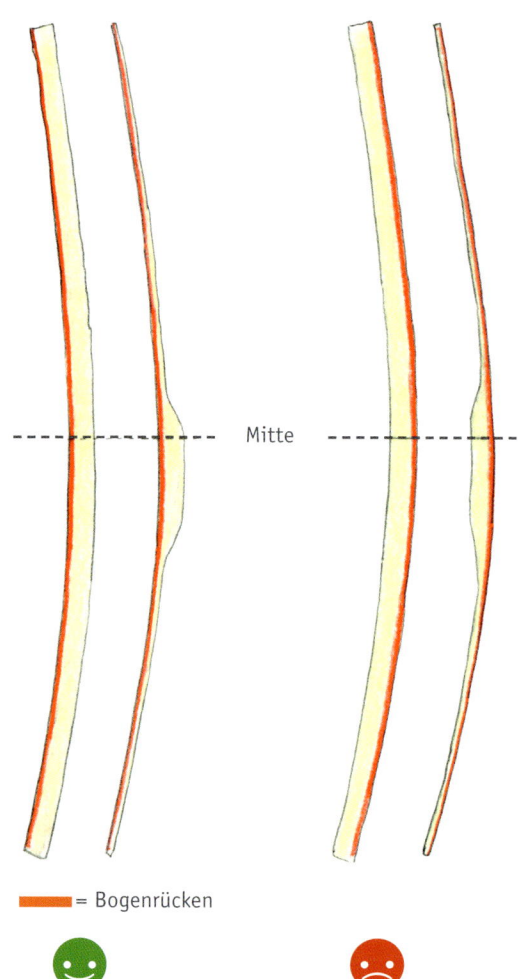

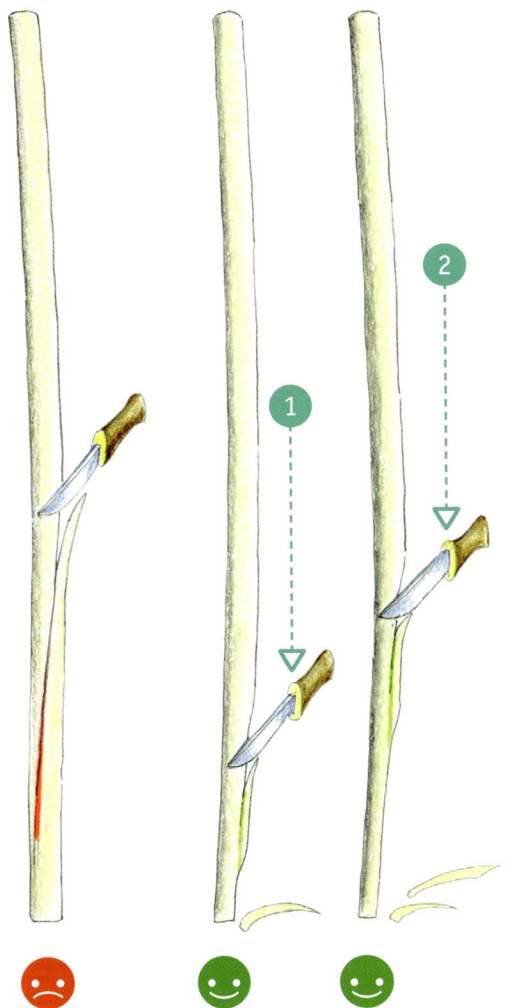

Nun kannst du damit beginnen, auf der Bauchseite Material zu entfernen. Dazu benutzt du das Schnitzmesser. Damit schnitzt du immer vom Griff zur Wurfarmspitze hin.

Fang an der Wurfarmspitze an und arbeite dich langsam und vorsichtig nach oben in Richtung Griff hoch. So verhinderst du, dass ein großer Span abreißt und dein Bogen zu dünn wird.
Schnitze immer nur dünne Späne ab. Arbeite immer mit dem Messer von dir weg, niemals auf dich zu! Pass auf, dass die Flächen, wo du geschnitzt hast, in einer Ebene liegen. Wenn sie verkippt sind, schießt nachher der eine Wurfarm nach links, der andere nach rechts.

Entferne erst mal höchstens ein Drittel des Durchmessers des Stabes, und biege den Bogen dann wie auf Seite 86 durch. Jetzt lässt er sich bestimmt schon besser biegen. Achte aber darauf, den Bogen in diesem Stadium noch nicht zu weit durchzubiegen. Man muss ihn langsam daran gewöhnen, sonst brechen die Holzzellen zusammen, und dein Stab verliert seine Spannkraft.

Nimm nach Gefühl noch mehr Holz ab, bis der Stab sich einigermaßen locker biegen lässt. Dann gönnst du dem Holz möglichst eine weitere Trockenpause von ein paar Tagen.

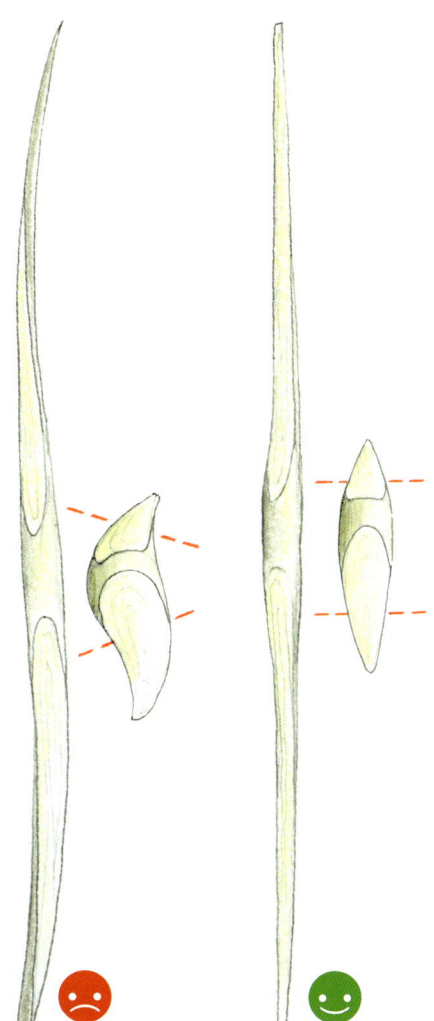

KAPITEL 5 | DER BOGENSTAB

HOLMEGAARD-BOGEN

Für den Holmegaard-Bogen hast du einen kleinen Baumstamm gefällt, ihn gespalten und getrocknet. Jetzt muss die Rinde runter. Dabei musst du sehr vorsichtig zu Werke gehen. Direkt unter der Rinde sitzt das Holz, und der äußerste Jahrring darf auf keinen Fall beschädigt werden. Sonst entsteht genau hier, wo der Bogen am meisten auf Zug beansprucht wird und größten Belastungen ausgesetzt ist, eine Schwachstelle. Der Bogen würde genau an dieser Stelle brechen.

Nimm also das scharfe Messer und beginne, an einem Ende ganz vorsichtig die Rinde vom Holz abzuschälen. Irgendwann siehst du das Holz durch die letzte dünne Rindenschicht durchscheinen. Jetzt an dieser Stelle nicht mehr tiefer schneiden, sondern auf diese Art die Rinde auf der ganzen Bogenlänge entfernen. Anschließend stellt du das Messer oder noch besser eine Ziehklinge senkrecht auf das Holz und schabst die restlichen Rindenfasern vorsichtig herunter. Dabei immer gut aufpassen, dass die äußerste Holzschicht nicht verletzt wird.

Anschließend glättest du die Spaltfläche mit dem Beil. Entferne nur abstehende Holzfasern – nicht mit dem Beil zu tief ins Holz fahren.

Unser Rohling ist jetzt auf jeden Fall noch zu dick. Das probierst du am besten mal aus:

Stelle (als Rechtshänder) das untere Ende des Stabes gegen deinen rechten Innenfuß. Greife mit der linken die Stabmitte und biege das obere Ende zu dir her. Der Stab wird sich kaum biegen lassen.

Jetzt kannst du die Maße aus der Skizze auf den Rohstab übertragen. Der abgebildete Bogen hat eine Länge von ungefähr 150 cm.

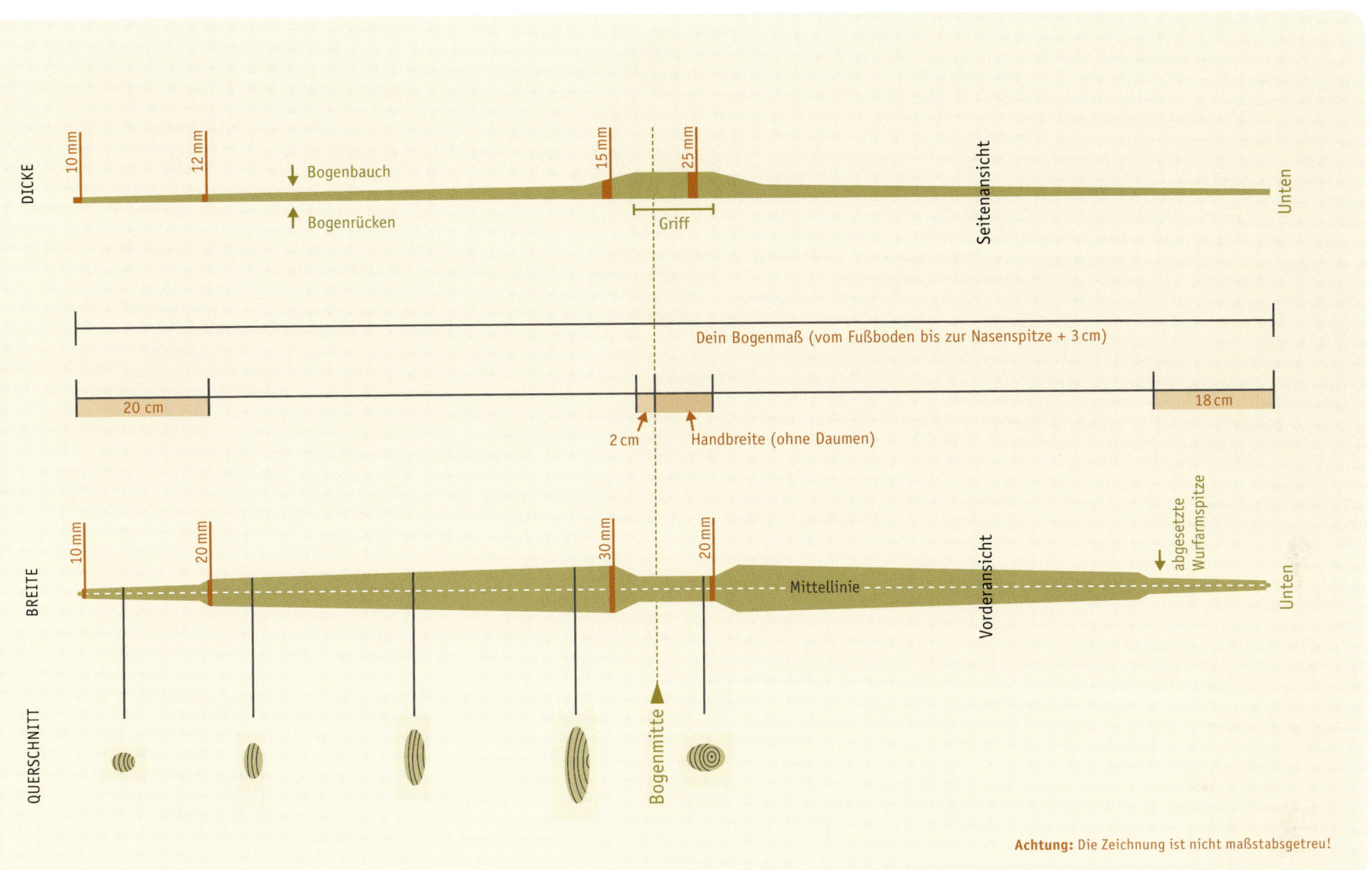

Zeichne die Bogenmitte auf dem **Bogenrücken** an, damit du immer weißt, wo sie ist. Denn viel Holz wird jetzt entfernt, da verliert man schnell die Übersicht.

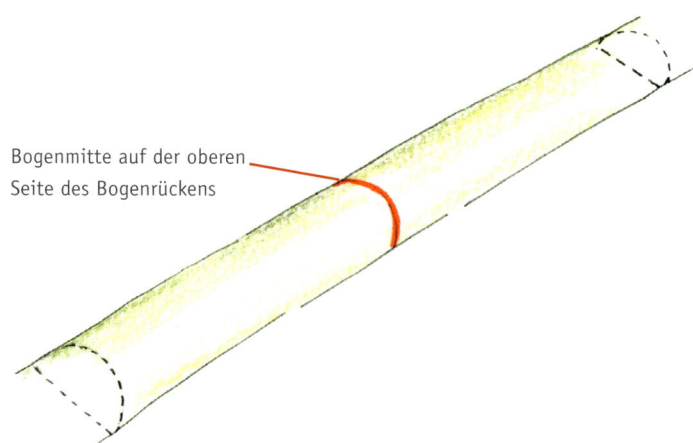

Bogenmitte auf der oberen Seite des Bogenrückens

Bei unserem Modell wird der untere Wurfarm etwas kürzer als der obere. Der Griff sitzt nicht in der Bogenmitte, sondern darunter. Denn der Pfeil soll ja durch die Bogenmitte fliegen. Weil der untere Wurfarm kürzer ist, wird er mehr beansprucht. Er muss sich genauso biegen wie der obere, aber auf einer kürzeren Strecke.

Deshalb solltest du den Rohling noch mal gründlich untersuchen: Kannst du irgendwo auf dem Stab eingewachsene Äste oder kleine Unregelmäßigkeiten im Wuchs erkennen? Wenn ja, dann versuche es möglichst so einzurichten, dass diese Schwachstellen im oberen Wurfarm zu liegen kommen, denn der wird weniger beansprucht.

Kleine Äste sind in der Regel kein Problem, wenn sie auf dem Bogenrücken in der Mitte oder nahe daran positioniert sind.

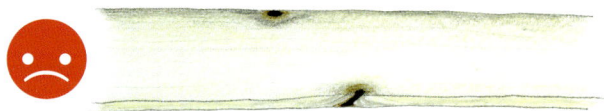

Störend sind sie nur, wenn sie am Rand des Wurfarms sitzen und einseitig angeschnitten sind. Dann wird sich eventuell die Spannung des Wurfarms genau an dieser Schwachstelle nicht richtig verteilen, und der Bogen könnte brechen.

Achte darum beim Anzeichnen darauf, dass du keine Äste durchschneidest. Weil du vom zukünftigen Bogenbauch aus anzeichnest, kannst du nur schätzen, ob du einen Ast anschneidest. Wenn du die Vorderansicht des Bogens ausarbeitest, musst du beim Arbeiten sorgfältig auf Äste auf dem Bogenrücken achten. Wenn du in die Nähe eines Astes kommst, lass lieber etwas Holz darum herum stehen. Benutze zum Anzeichnen die lange Holzlatte.

Übertrage zuerst die **Breitenmaße** aus der Skizze auf den **Bogenbauch.** Überprüfe vorher nochmal, ob das Holz 100%ig gerade gewachsen ist. Wenn das Stämmchen nicht ganz genau gerade ist, dann solltest du das berücksichtigen.

Wenn der Rohstab eine leichte Biegung macht, dann sollte der Umriss des Bogens dieser Biegung folgen. Am besten kannst du das an der Markröhre und den Jahrringen erkennen.
Beginne mit dem Anzeichnen der **Mittellinie**. Sie soll der Markröhre folgen. Von der Mittellinie ausgehend zeichnest du die Breitenmaße an.

Auf der Skizze rechts wurde die Mittellinie (in rot) gerade eingezeichnet. **Das ist falsch!**
Am Rand werden die Jahrringe durchtrennt. Dadurch entstehen Schwachstellen.

Rechts ist es richtig gemacht worden:
Die Mittellinie folgt der Markröhre. Dadurch wird die Bogenvorderansicht etwas schlangenförmig, aber das macht nichts, solange der Bogen auf ganzer Länge gerade ist.

KAPITEL 5 | DER BOGENSTAB

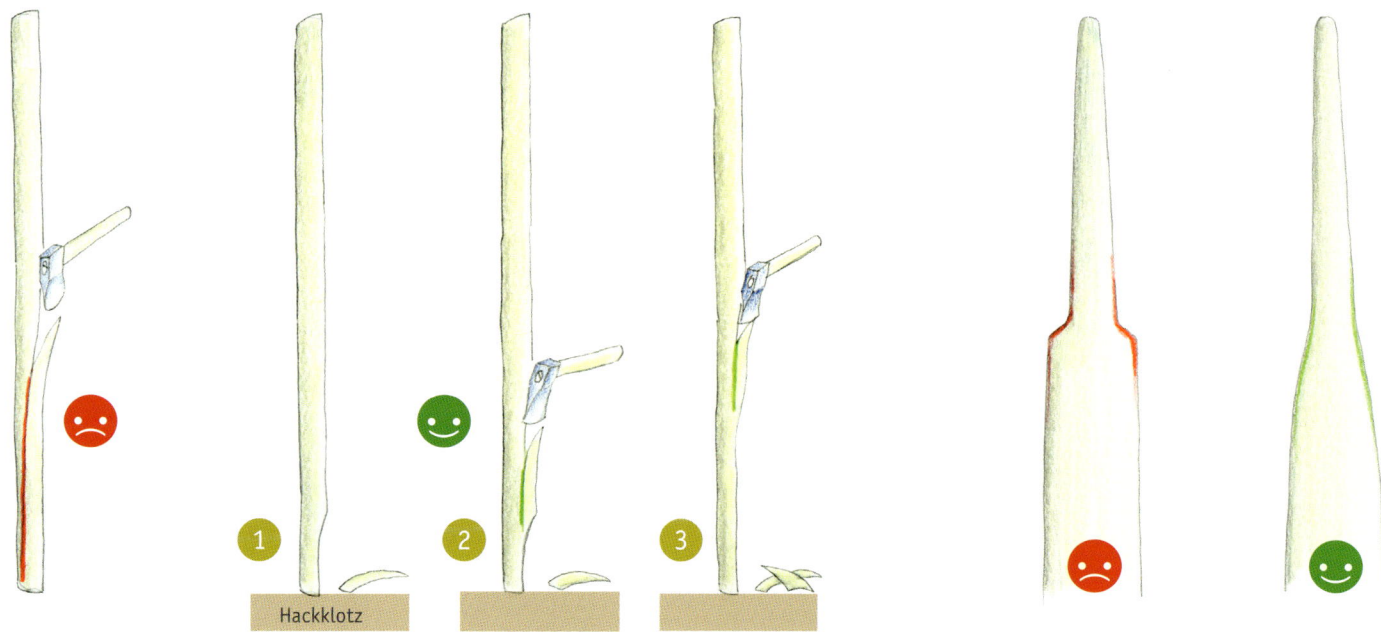

Nun kannst du mit dem Ausarbeiten des Bogenrückens anfangen. Stelle den Rohling auf den Hackklotz und schlage mit dem Handbeil von den Bogenseiten Holz weg. Beginne jeweils unten an der Wurfarmspitze und arbeite dich, Hieb für Hieb, langsam und vorsichtig nach oben zum Griff hin vor.

Halte den Bogenstab so, dass du die Bleistiftstriche immer gut sehen kannst. Es ist sehr wichtig, dass das Beil scharf ist. Und noch wichtiger, vorsichtig und mit Bedacht zu arbeiten. Ein unüberlegter und zu kräftiger Hieb mit dem Beil kann dazu führen, dass die Klinge tief ins Holz fährt und einen zu großen Span ablöst oder den Wurfarm spaltet.

Dann kannst du den Bogenstab nur noch für den Ofen verwenden...

Arbeite dich auf diese Weise bis möglichst nahe an die Bleistiftstriche heran, aber nicht darüber hinaus. Nimm nur ganz feine Späne ab. Pass bei der Arbeit mit dem Beil auf deine Hände und Beine auf!

Für die Feinarbeit solltest du das Messer benutzen und damit bis an den Bleistiftstrich heran schnitzen. Achte vor allem darauf, die Übergänge vom Griff zu den Wurfarmen und von den Wurfarmen zu den abgesetzten Wurfarmspitzen sanft auszuarbeiten.

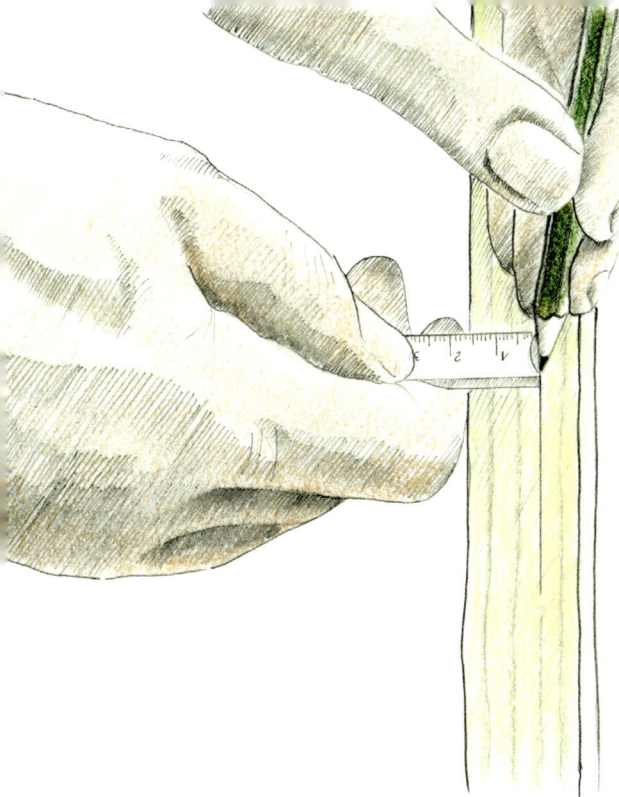

Wenn die Vorderansicht des Bogens soweit fertig ist, überträgst du die Dickenmaße auf seine Seiten. Zum Anzeichnen kannst du den Meterstab benutzen wie auf der Skizze gezeigt.

Dein Zeigefinder bildet den Anschlag am Bogenrücken. Der Meterstab steht von der Bogenkante soweit vor wie auf der Skizze mit den Maßen angegeben Seite 87.

So sorgst du dafür, dass der Umriss immer dem Bogenrücken folgt. Das ist wichtig, denn kein Holz ist perfekt gewachsen. Wenn du den Zollstock als Anschlag benutzt, wird dein Rohstab immer gleich dick sein, auch wenn das Holz auf dem Rücken kleine Wellen hat. Wenn du mit dem Bleistiftstrich nicht parallel zum Bogenrücken anzeichnest, würde der Stab nach dem Ausarbeiten eventuell hier ein bisschen dicker und dort ein bisschen dünner werden. Die dünnen Stellen wären schwächer als die dicken, und genau hier könnte der Bogen später brechen.

Nun kannst du am Bauch Material entfernen. Arbeite auch hier immer von unten nach oben und mit Bedacht, denn Holz wächst oft unberechenbar. Gerade bei der Arbeit am Bauch kann es vorkommen, dass du ein kleines Stück mit dem Faserverlauf schaffst und auf den nächsten 10 cm dagegen an. Mit dem Beil dürfen hier nur ganz dünne Späne abgenommen werden. Achte wie oben immer darauf, nur bis zum Bleistiftstrich zu arbeiten und nicht darüber hinaus. Nimm für die Feinarbeit besser das Messer. Der Griff sollte ganz sanft in die Wurfarme übergehen.

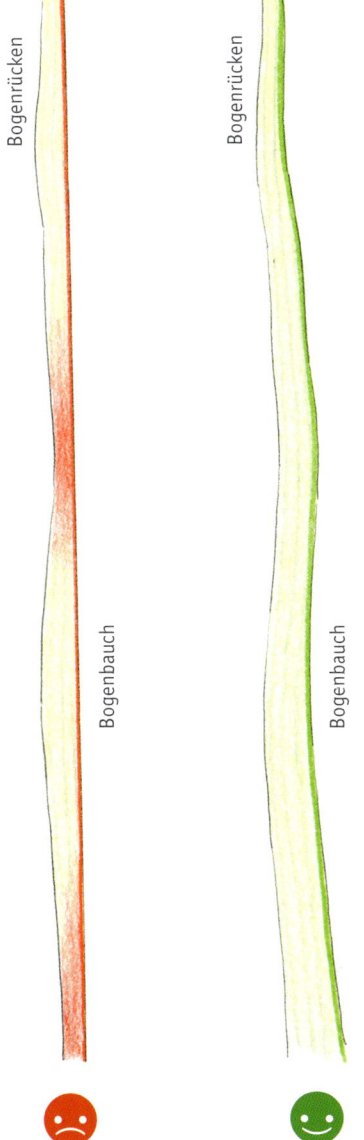

KAPITEL 5 | DER BOGENSTAB

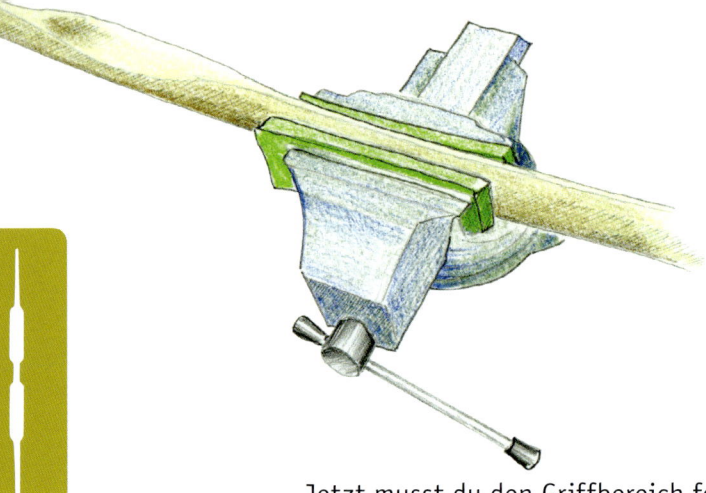

Jetzt musst du den Griffbereich formen. Dazu spannst du den Bogen am besten mit einem Wurfarm in den Schraubstock ein.

Achte darauf, dass du zwischen die Metallbacken des Schraubstocks und den Wurfarm die Weichholz- oder Lederstreifen legst, damit das Holz des Bogens nicht verdrückt wird. Wenn kein Schraubstock vorhanden ist, kannst du den Bogen auch mit einer Schraubzwinge (Achtung, immer Weichholz dazwischenlegen) an einer Werkbank oder einem Tisch festmachen. Zur Not hält jemand anders fest.

Den Griff arbeitest du mit Raspel und Feile aus. **Geh auch hier nur bis zum Bleistiftstrich und benutze die Werkzeuge auf der ganzen Länge,** nicht nur mit der Mitte hektisch auf dem Holz rumrubbeln. Das kostet Kraft und nutzt nur die Mitte des Werkzeugs ab. Das wäre unwirtschaftlich.

„Die ganze Raspel ist bezahlt!", hat mein Meister immer gesagt. Versuche, am Ende eine möglichst glatte Oberfläche zu schaffen, an der du nicht mehr viel schleifen musst. Wenn der Griff gut in deine Hand passt, machst du (als Rechtsschütze) dort, wo auf dem Bogenrücken die Mitte angezeichnet ist, seitlich am Griff auf der linken Seite eine flache Kerbe. Entweder mit dem Messer oder der Feile.

Das ist nachher die Markierung, an der der Pfeil vorbeifliegen soll. Ist darüber genug Platz für den Pfeil, wenn deine Faust unter der Kerbe den Bogen umfasst? Wenn nicht, musst du dort noch ein bisschen nacharbeiten, aber auf beiden Seiten. Wenn du mit links schießt, dann kommt die Markierung an die rechte Bogenseite.

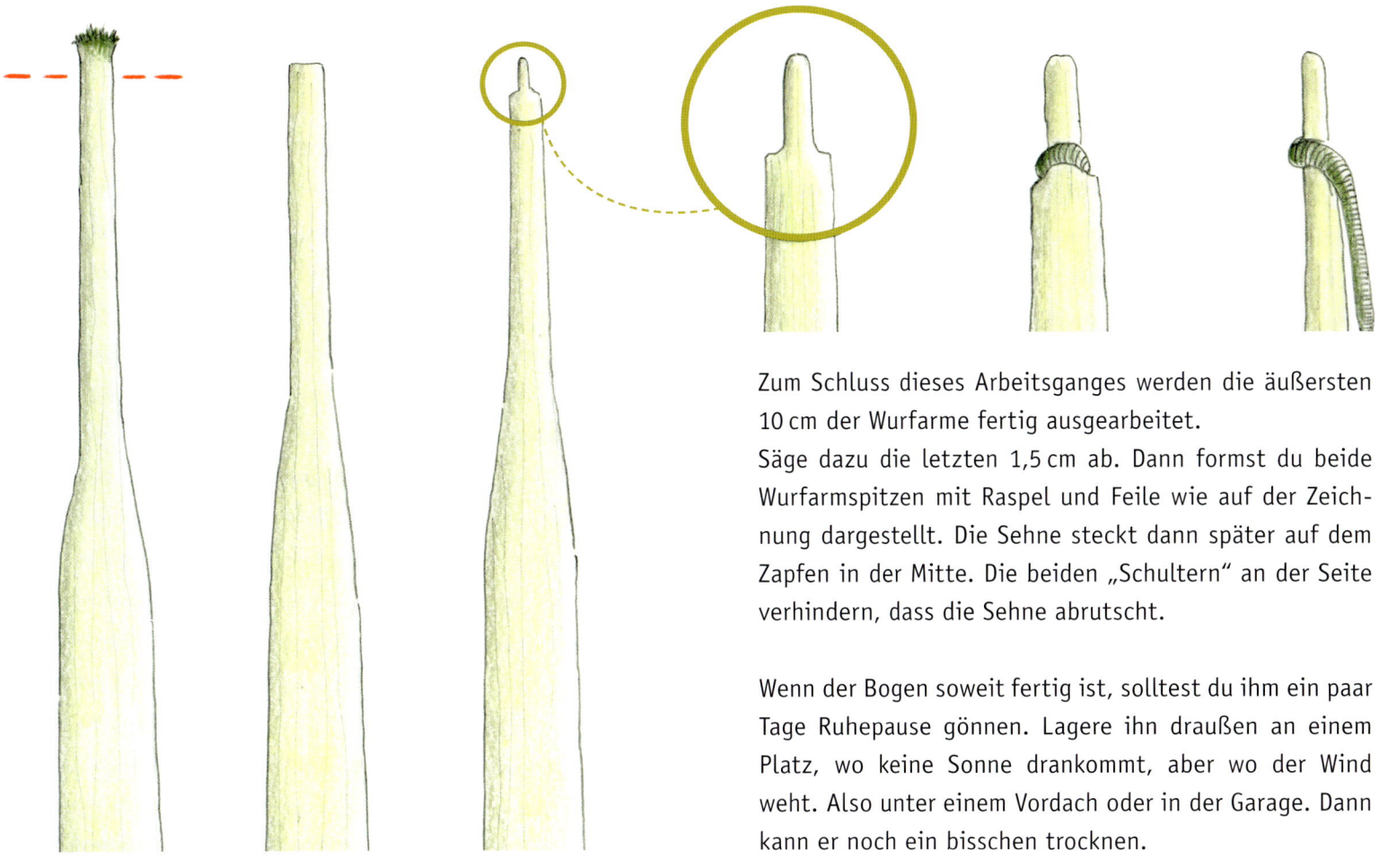

Zum Schluss dieses Arbeitsganges werden die äußersten 10 cm der Wurfarme fertig ausgearbeitet.
Säge dazu die letzten 1,5 cm ab. Dann formst du beide Wurfarmspitzen mit Raspel und Feile wie auf der Zeichnung dargestellt. Die Sehne steckt dann später auf dem Zapfen in der Mitte. Die beiden „Schultern" an der Seite verhindern, dass die Sehne abrutscht.

Wenn der Bogen soweit fertig ist, solltest du ihm ein paar Tage Ruhepause gönnen. Lagere ihn draußen an einem Platz, wo keine Sonne drankommt, aber wo der Wind weht. Also unter einem Vordach oder in der Garage. Dann kann er noch ein bisschen trocknen.

6
Das Tillern

wird etwas kompliziert. Es geht um merkwürdige, aber wichtige Dinge wie den Tillerstock, das Biegeprofil und den Auszug.

Die Rohform deines Bogens ist nun fertig. Kannst du ihn schon biegen? Je nach Holzart und Dicke geht das wahrscheinlich schon, aber der Bogen biegt sich bestimmt nicht gleichmäßig. Das muss er aber, damit er nicht bricht und sauber schießt. Dazu muss die Durchbiegung der Wurfarme aneinander angeglichen werden. Dieser Vorgang nennt sich **„Tillern"**.

DER GEBOGENE STOCK

Hier ist das Tillern ziemlich einfach. Aber zunächst müssen wir den Bogen soweit fertig machen, dass er eine Sehne tragen kann.

Dazu spitzt du die Enden der Wurfarme wie auf der Skizze gezeichnet an. Nun kann die Sehne auf den Spitzen aufliegen, ohne abzurutschen.

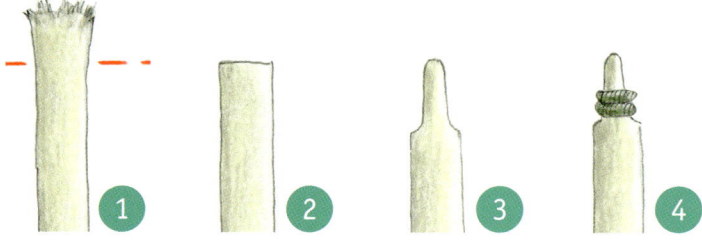

Du brauchst aber noch eine **Probesehne**. Nimm dafür ein Stück stabile Schnur, der sollte mindestens 2 mm dick sein. Mache nach der Skizze einen Knoten an das obere Ende des Bogens.

Dieser Knoten, der **Palstek**, hat den Vorteil, dass er sehr gut hält. Er lässt sich aber ganz einfach wieder lösen, egal wie fest er zusammengezogen wurde. Die Schlaufe des Knotens soll genau um den Zapfen an der Wurfarmspitze passen.

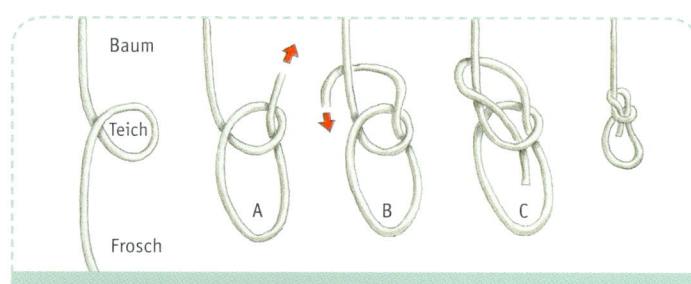

Zum Palstek gibt es einen Merkspruch:
Der Frosch kommt aus dem Teich **(A)**, läuft um den Baum herum **(B)** und springt wieder in den Teich hinein **(C)**. Die Schlaufe bildet den Teich, das obere lange Ende der Schnur den Baum, das untere kurze den Frosch.

WEBLEINENSTEK

Nun stellst du den Bogen mit diesem Ende auf den Boden und legst das andere Ende der Sehne wie auf der Skizze um die Wurfarmspitze, die jetzt nach oben zeigt.

Biege den Bogen soweit durch, dass deine Hand zwischen Bogen und Sehne passt, und zieh die Sehne dabei stramm. Knote dann das freie Sehnenende an den Bogen wie auf der Skizze gezeigt.

Dieser Knoten heißt **Webleinenstek**, sein Vorteil ist, dass er gut hält und verstellbar ist.

Überprüfe nochmal, ob deine Hand immer noch zwischen Griff und Sehne passt. Wenn nicht, öffnest du den Webleinenstek und ziehst am Schnurende, bis die Entfernung stimmt, und ziehst ihn dann wieder fest. Umgekehrt lässt du die Sehnenspannung ein bisschen nach, wenn der Abstand zu groß ist.

ZIMMERMANNSSTEK

Du kannst auch einen **Zimmermannsstek** verwenden. Aber achte gut darauf, dass das lose Ende so um die Sehne geschlungen ist, dass es zwischen Sehne und Bogen eingeklemmt ist. Sonst geht der „Bogenbauer-Knoten" auf.

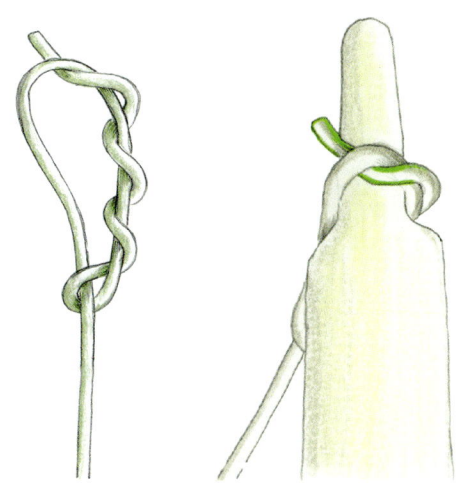

Fasse nun den Bogen am Griff, halte ihn flach vor dich hin und ziehe vorsichtig an der Sehne, etwa 20–30 cm.

Den Auszug kannst du messen, indem du auf einem dünnen Stock von 70–80 cm Länge alle 5 cm eine Markierung machst und das Maß dranschreibst.

Den Stock legst du mit einem Ende am Griff auf den Bogen, das andere Ende, wo die Markierungen beginnen, hältst du mit zwei Fingern der Schusshand fest, wenn du an der Sehne ziehst.

Dann kannst du vorn am Bogen den Auszug ablesen.

Wie sieht der Bogen nun aus, wie biegt er sich? Wenn du Glück hast und bisher gut gearbeitet, dann biegen sich beide Wurfarme schön gleichmäßig. Der Bogenrücken bildet fast eine Kreisbahn **(A)**.

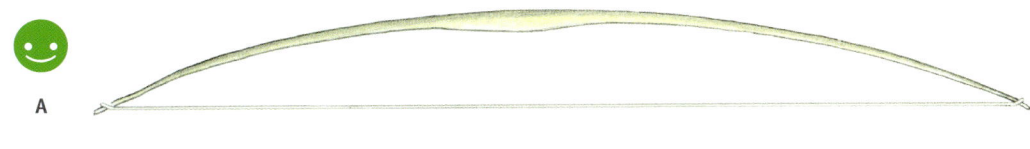

Wahrscheinlicher ist aber, dass ein Wurfarm etwas steifer ist – er biegt sich weniger als der andere **(B)**.

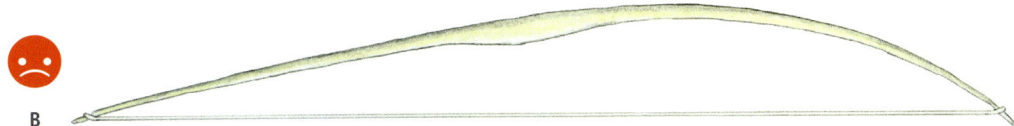

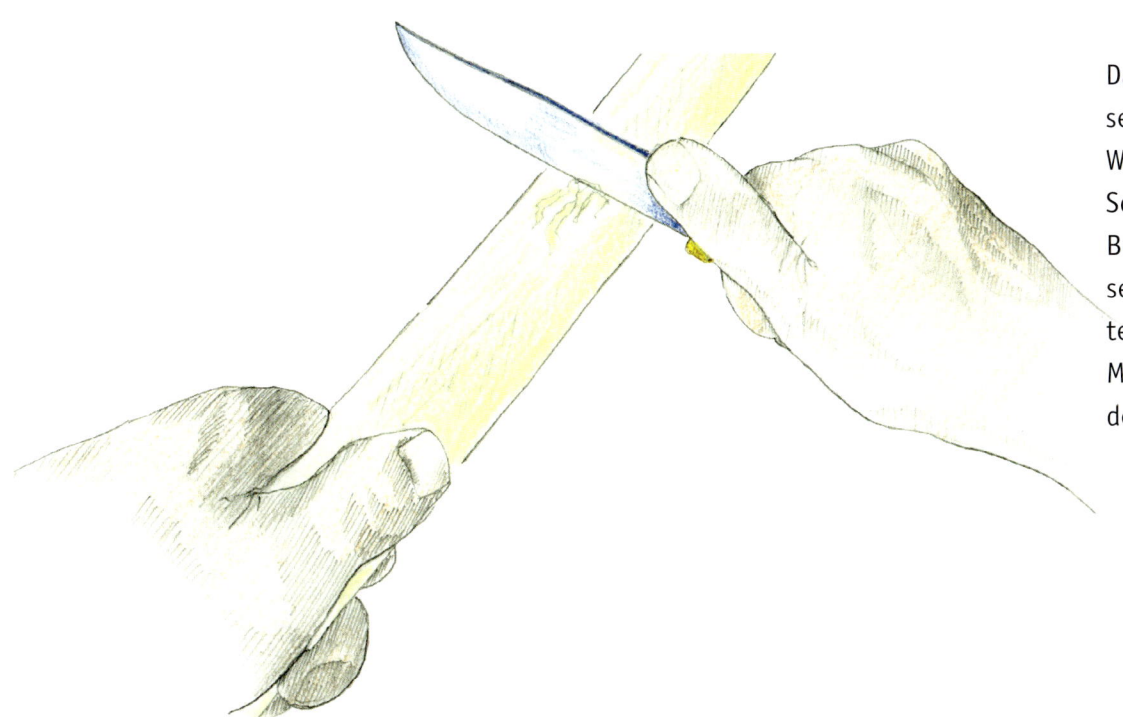

Das musst du ausgleichen. Nimm mit der Messerklinge auf der Bauchseite des steiferen Wurfarms etwas Holz ab. Das kannst du durch Schnitzen oder Schaben tun.

Beim Schnitzen solltest du sehr vorsichtig sein, du darfst immer nur ganz dünne Schichten abnehmen. Deshalb ist es besser, die Messerklinge schabend einzusetzen wie auf der Skizze.

Spanne den Bogen dann nochmal, aber wieder nur 20–30 cm. Wir wollen ja den Bogen nicht gleich überfordern. Du musst ihn ganz langsam an das gewöhnen, was er von nun an tun soll: Energie speichern und gleichmäßig wieder abgeben. Würdest Du den Bogen jetzt schon weiter aufspannen, würden die Holzzellen am Bogenbauch zu schnell zusammengestaucht und die am Bogenrücken zu schnell gedehnt. Der Bogen würde seine Spannkraft verlieren oder sogar brechen.

Deshalb wichtig: den Bogen zunächst nur wenig spannen und die Spannung dann langsam von Mal zu Mal steigern!

> **Auch ganz wichtig:** Wenn du den Bogen gespannt hast, lass nie die Sehne einfach los, wenn kein Pfeil auf dem Bogen liegt. Ohne das Gewicht des Pfeils schießt der Bogen „leer", er wird falsch beansprucht und könnte brechen. Also immer die Sehne festhalten und langsam zum Bogen zurückführen.

Du hast nun etwas Holz am Bauch entfernt – was macht der Bogen jetzt? Biegt er sich gleichmäßiger? Wenn nicht, musst du weiter Holz entfernen, so lange bis es passt.
Aber: immer eins nach dem anderen – wie man Klöße isst. Nach jedem Abschaben am Bogenbauch erst ein paar mal die Sehne ziehen und den Bogen beobachten. Wenn man zu eifrig ist und zu viel Holz auf einmal abschabt, wird der Wurfarm, der beim ersten Spannen zu steif war, jetzt zu weich und biegt sich zu weit durch.

Dann musst du am anderen Wurfarm etwas wegnehmen, und der Bogen wird immer weicher und schlabbriger und baut irgendwann gar keine Spannung mehr auf.
Also: immer wenig Holz abnehmen und dann immer gleich kontrollieren.

Ich sollte mal für eine gute Freundin einen Bogen bauen, mit einem Zuggewicht von 35 lb, also 15,8 Kg. Ich hatte mir ein sehr schwieriges Stück Ulme ausgesucht, denn der Bogen sollte etwas Besonderes werden.
Nach dem ersten Ausarbeiten der Wurfarme ging ich an den Tiller. Das war wegen der vielen knorzeligen Stellen gar nicht so einfach. An einer Stelle schabte ich vorsichtig Schicht um Schicht Holz herunter, aber das Profil änderte sich nicht. Da war ich noch bei 40 lb Zuggewicht. Dann wurde ich ungeduldig und nahm gleich einen ganzen Millimeter auf einmal ab, und noch ein bisschen mehr. Beim anschließenden Aufspannen merkte ich, dass der Wurfarm nun doch zu weich geworden war. Also den anderen runterschaben, bis es wieder passte. Der hatte einen eingewachsenen Ast, der nun hervortrat, und der Arm wurde weicher als der erste. Also musste ich den wieder nacharbeiten. Bevor ich es merkte, war ich schließlich bei einem Zuggewicht von unter 30 lb angekommen.

Der Bogen hängt jetzt in einem Museum, wo es nicht darauf ankommt, wie er schießt und wie stark er ist. Sondern nur darauf, ob er gut aussieht...

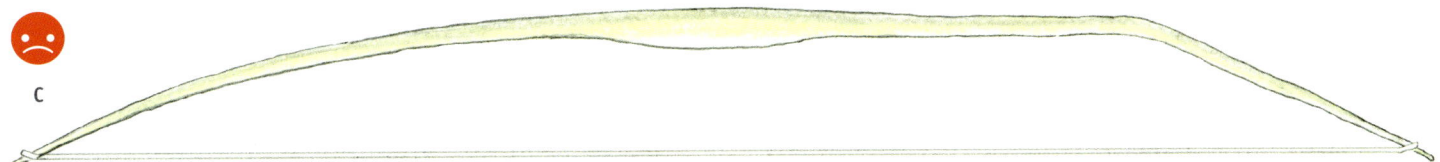

Wenn der Bogen eine schwache Stelle hat und sich ein Wurfarm besonders scharf biegt (C), dann musst du diese Stelle entlasten. Markiere den schwachen Bereich auf dem Bauch und nimm davor und dahinter vorsichtig Holz weg, bis die Biegung wieder gleichmäßig ist.

Wenn sich der Bogen bei 30 cm Auszug schön gleichmäßig biegt, solltest du dir die Zeit nehmen und ihm einen Tag Pause gönnen. Spanne den Bogen dazu ab, indem du ihn mit dem unteren Ende auf den Boden stellst und ihn etwas durchbiegst, so dass die Sehne entspannt wird. Nun kannst du die Schlaufe des Palsteks vom oberen Bogenende abnehmen.

Am nächsten Tag kannst du weitermachen. Stelle den Bogen mit dem unteren Ende auf den Boden, biege ihn durch und hänge die Schlaufe wieder auf die Wurfarmspitze.

Zieh den Bogen nun vorsichtig weiter aus, bis du bei 40 cm angekommen bist. Und immer wieder die Biegung kontrollieren! Das geht auch sehr gut, wenn einer den Bogen spannt und ein anderer die Biegung von der Seite her anschaut. Oder du stellst dich vor einen Spiegel.

Du darfst aber den Bogen immer nur ganz kurz spannen und auf keinen Fall weiter als 40 cm ausziehen. Denn das richtige Spannen des Bogens ist gar nicht so einfach. Und die Bogensehne bis zum Ohr ausziehen wie Robin Hood im Film – das solltest du erst tun, wenn du weißt, wie man einen Bogen richtig spannt. Mehr dazu im achten Kapitel.

Wenn sich dein Bogen bei 40 cm Auszug schön gleichmäßig biegt, gönnst du ihm wieder einen Tag Ruhe.

HOLMEGAARD-BOGEN

Beim Holmegaard gehst du ähnlich vor, du solltest aber noch mehr Sorgfalt und Zeit aufwenden. Und damit das Tillern noch genauer wird, baust du dir erst mal ein Gerät, das dir dabei hilft – den Tillerstock.

Besorge dir dazu ein Stück Dachlatte von etwa einem Meter Länge, eine Seite sollte mindestens 4 cm breit sein. Auf dieser Seite zeichnest du an einem Ende einen Halbkreis an, so dass wie auf der Skizze nur noch zwei schmale Stege stehen bleiben. In diese „Klaue" sollte der Griff deines Bogens hineinpassen.

Dann bohrst du 30 cm von der Klaue entfernt das erste Dübelloch, aber leicht schräg nach hinten geneigt.
Bohre immer in Abständen von 3 cm neun weitere Löcher. Gib etwas Leim an die Holzdübel und stecke sie in die Bohrlöcher, so dass sie noch etwa 1,5 cm herausschauen. Gut trocknen lassen – fertig ist der Tillerstock.
Damit kannst du die Biegung der Wurfarme perfekt kontrollieren, ohne den Bogen in der Hand halten zu müssen.

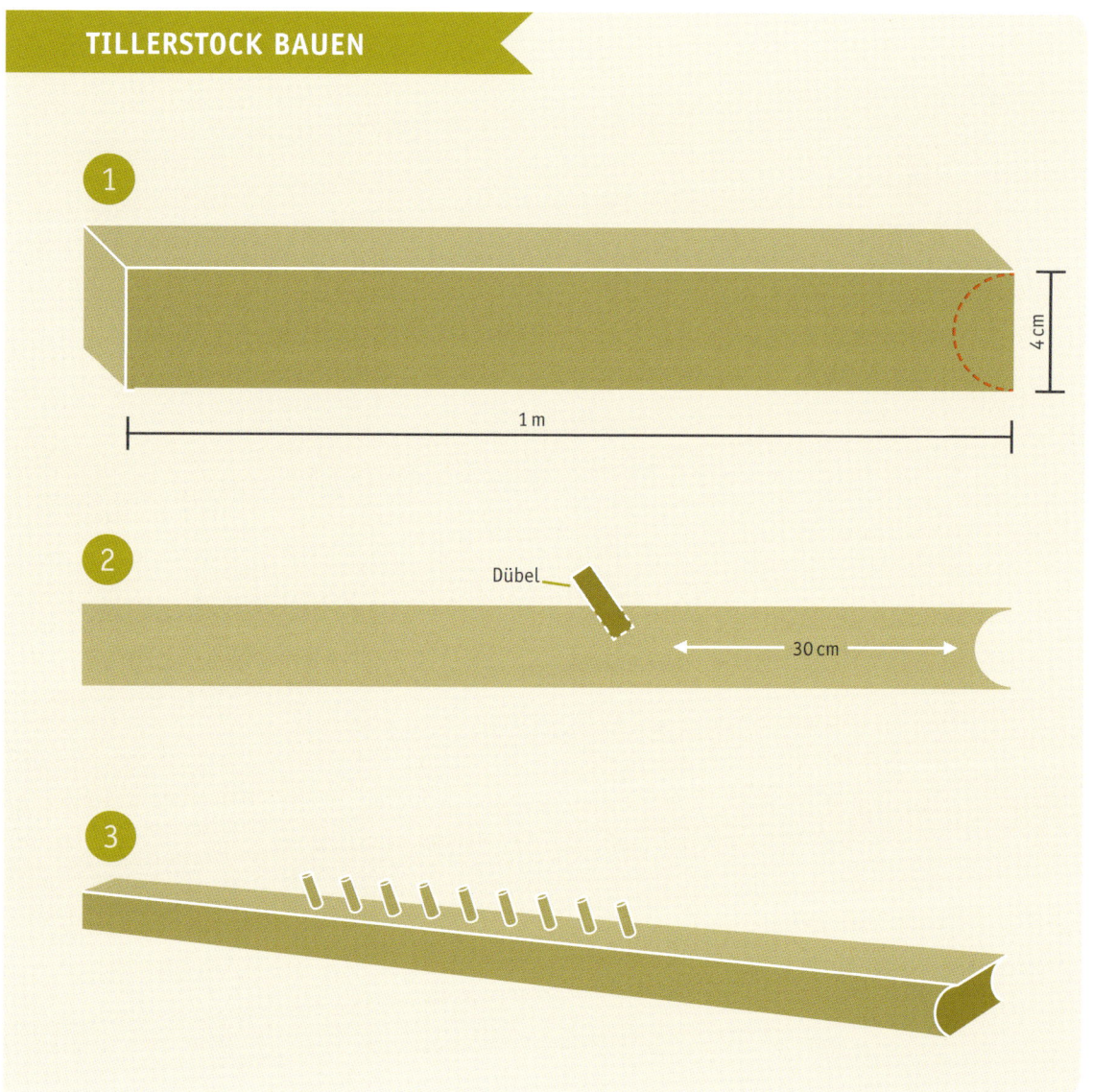

TILLERSTOCK BAUEN

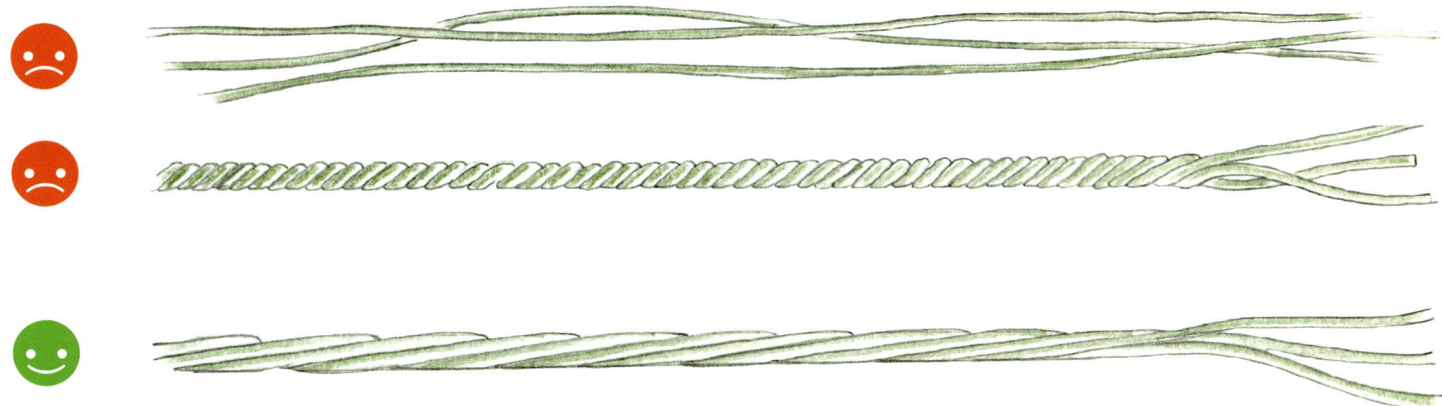

Aber erst mal musst du dir wie auf Seite 96 beschrieben eine **Probesehne** machen. Für den Holmegaard brauchst du allerdings eine etwas kräftigere Schnur. Wenn du Glück hast, findest du im Baumarkt oder Supermarkt dicke Paketschnur. Die sollte mindestens 3 mm dick sein.

Oder du kaufst ein Knäuel dünneren Bindfaden und nimmst entsprechend viele Schnüre zusammen, also bei 3 mm Dicke mindestens drei, bei 2 mm Dicke zwei. Verdrehe die einzelnen Stränge etwas miteinander, damit sie nicht lose herumfliegen, aber auch nicht zu stark. Eine Umdrehung auf 30–40 mm reicht aus. Wichtig ist auch, dass die Schnur möglichst wenig „Reck" hat. Das heißt, sie darf nicht nachgeben, wenn man sie auseinanderzieht, sie darf sich nicht dehnen. Sonst wird die Sehne schlabbrig. Wenn man dann den Bogen schießt, dann vibriert und brummt er in der Hand, das stört sehr. Die Schnur soll gute 30 cm länger sein als der Bogen.

Dann machst du wie oben beschrieben einen Palstek an ein Ende und befestigst das andere Ende am unteren Wurfarmende mit dem Webleinenstek.

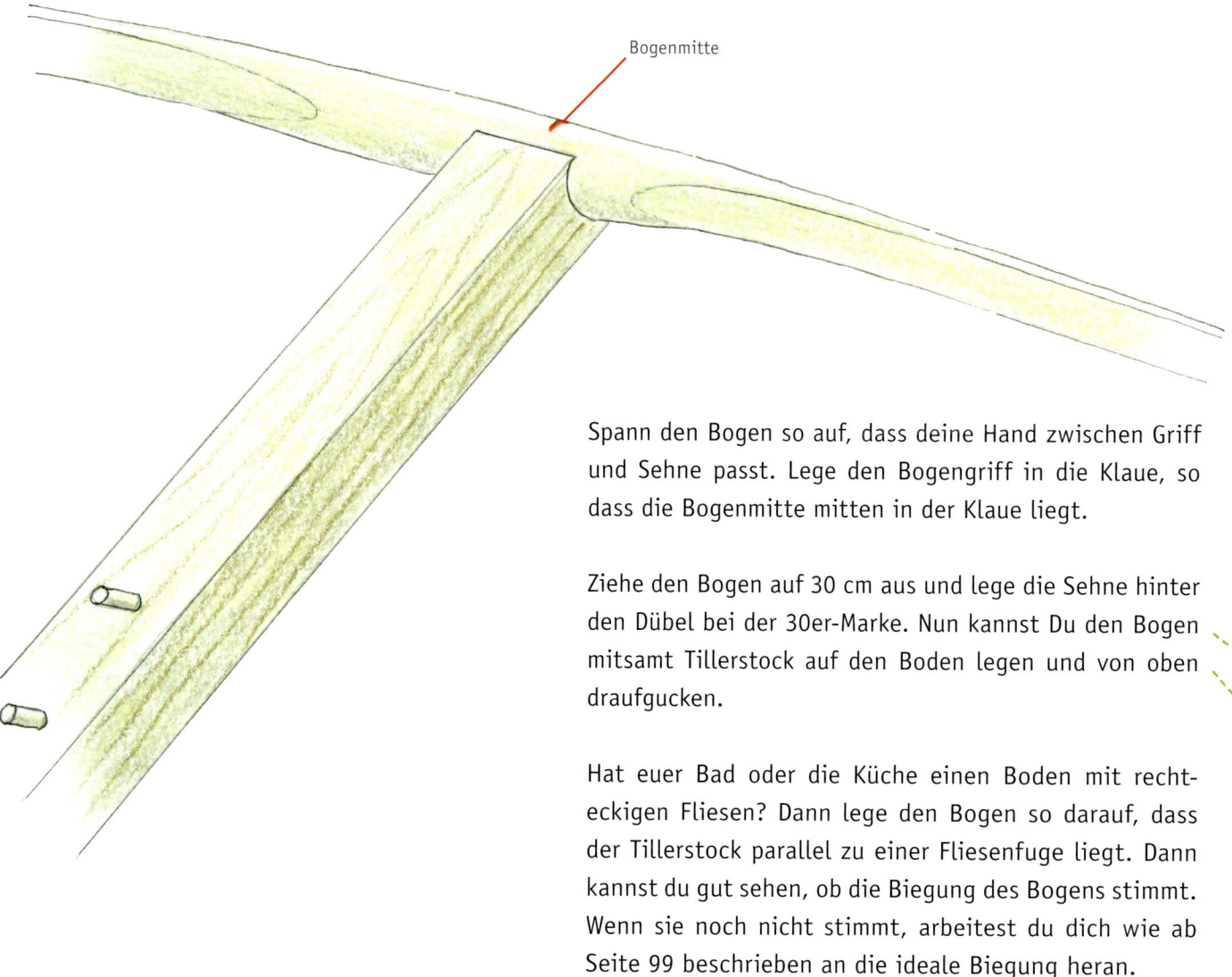

Spann den Bogen so auf, dass deine Hand zwischen Griff und Sehne passt. Lege den Bogengriff in die Klaue, so dass die Bogenmitte mitten in der Klaue liegt.

Ziehe den Bogen auf 30 cm aus und lege die Sehne hinter den Dübel bei der 30er-Marke. Nun kannst Du den Bogen mitsamt Tillerstock auf den Boden legen und von oben draufgucken.

Hat euer Bad oder die Küche einen Boden mit rechteckigen Fliesen? Dann lege den Bogen so darauf, dass der Tillerstock parallel zu einer Fliesenfuge liegt. Dann kannst du gut sehen, ob die Biegung des Bogens stimmt. Wenn sie noch nicht stimmt, arbeitest du dich wie ab Seite 99 beschrieben an die ideale Biegung heran.

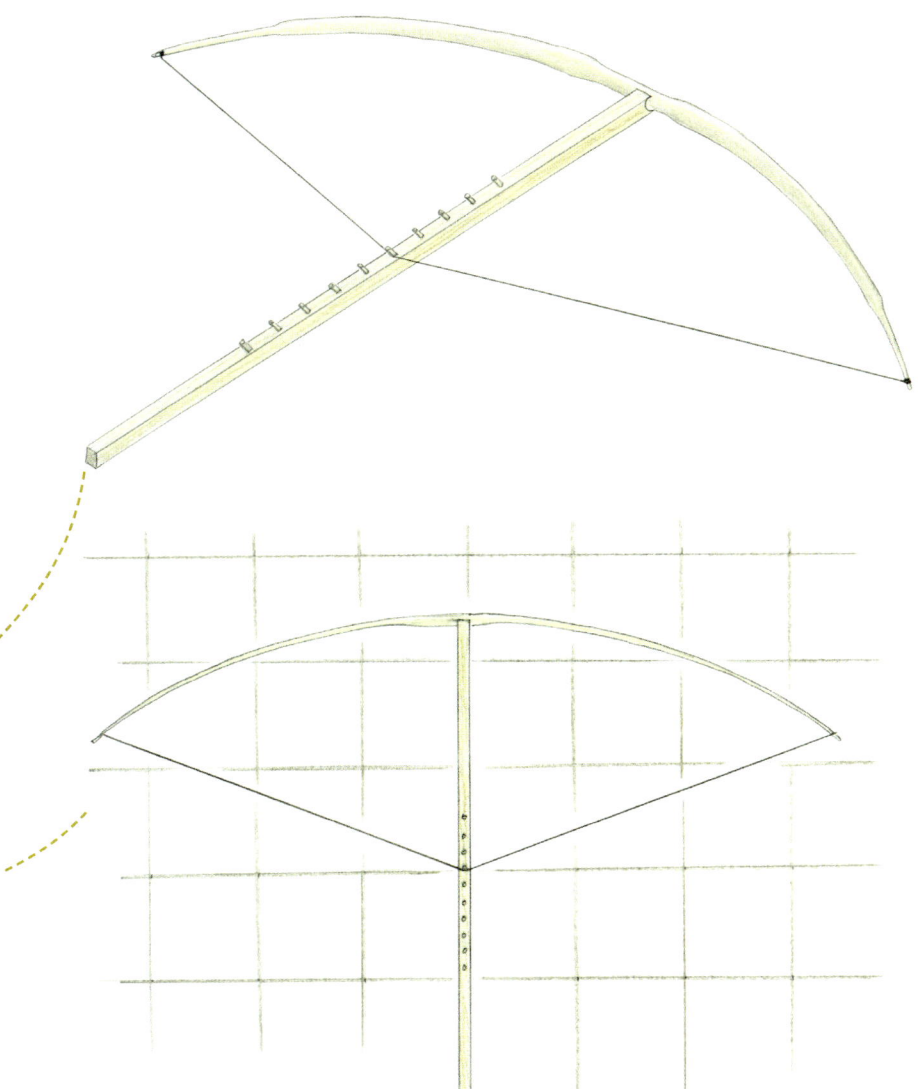

Zum Holz abnehmen kannst du den Ziehhobel benutzen, wenn du beim Spannen des Bogens feststellst, dass er noch viel zu kräftig ist.

Dann musst du am Anfang noch etwas mehr Material abnehmen. Danach solltest du die Ziehklinge benutzen, sie ist ideal geeignet, um sehr dünne Holzschichten sauber abzunehmen. Im Gegensatz zum Schnitzmesser oder Ziehhobel besteht nicht die Gefahr, dass du zu tief in das Holz einschneidest. Das Schaben kannst du auch mit der Messerklinge machen, aber die wird leicht stumpf.

Und du musst immer aufpassen, dass du nicht mit der scharfen Schneide irgendwo hineinschneidest, wo du nicht sollst. Wenn du weder Ziehhobel noch Ziehklinge hast, dann kannst du diese Feinarbeiten auch mit Raspel und Feile ausführen. Allerdings wartet dann anschließend viel Schleifarbeit auf dich, das kannst du durch sauberes Schaben vermeiden.

Nimm den Bogen aus dem Tillerstock. Spanne den Bogen mit dem Griff in den Schraubstock. Lederstreifen oder Weichholzbrettchen dazwischen legen, damit der Griff keine Druckstellen bekommt. Nimm da Holz weg, wo es erforderlich ist. Dann den Bogen wieder in den Tillerstock legen und kontrollieren. Das geht ganz gut, wenn man sich an den Jahrringen orientiert, die seitlich an den Wurfarmen zu sehen sind. Versuche, ihnen zu folgen.

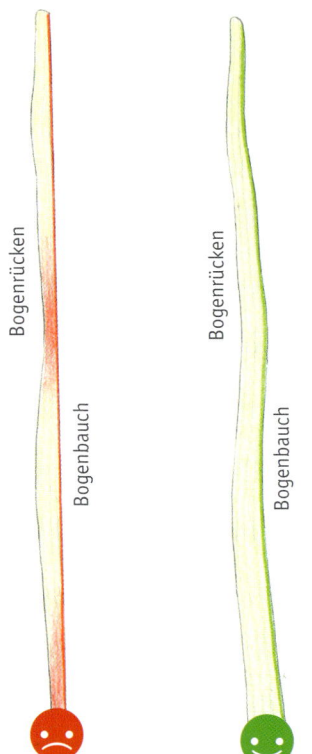

Wo der Bogen auf dem Rücken einen Buckel macht, musst du auf der Innenseite mehr Holz wegnehmen, hat der Bogen auf dem Rücken eine Delle, musst du am Bauch mehr Material stehen lassen.

Auf keinen Fall darfst du auf dem Bogenrücken Holz wegnehmen, das ist nur was für Profis. Achte auch darauf, alle scharfen Kanten an den Wurfarmen sorgfältig zu runden. Aber nicht ganz rund, sondern nur an der Kante. Der Fachmann nennt das „die Kante brechen". In den scharfen Kanten könnten sich Spannungen aufbauen, und das ist für den Bogen nicht gut.

So arbeitest du sorgfältig weiter, bis sich der Bogen bei 40 cm Auszug schön gleichmäßig durchbiegt.
Die Sehne kannst du beim Schaben drauflassen, wenn sie nicht stört. Achte nur darauf, dass du sie nicht versehentlich durchschneidest.

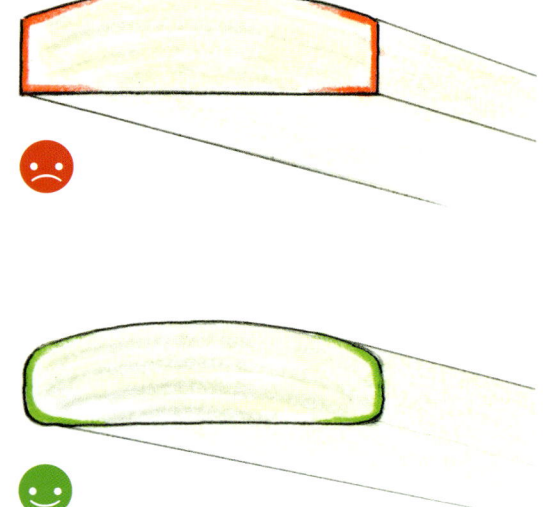

> **MERKE:** „Noch eben mal schnell…" geht meistens daneben! Besser wäre es gewesen, sich den kurzen Moment zu gönnen und den Bogen im Schraubstock einzuspannen. Bei der Arbeit mit „scharfen Sachen" sollte man auch immer „bei der Sache bleiben". Sich konzentrieren und sorgfältig und mit Bedacht arbeiten.

Das hatte ich nämlich auch schon mal. Einen sehr schönen Ulmenbogen hatte ich fertig getillert und eine passende Sehne gedreht. Ich war schon dabei, ihn einzuschießen, da merkte ich, dass der eine Wurfarm noch einen Tick zu steif war. Schnell das Messer aus der Tasche geholt und freihändig einen Hauch Holz entfernen wollen. Mit dem Messer abgerutscht und die Sehne fast durchgeschnitten. Ärgerlich!

Glück im Unglück: es war „nur" die Sehne des Bogens, an der ich eben zwei Stunden gearbeitet hatte. Es hätte auch eine Sehne meiner Hand sein können…

Wenn du den Bogen dann 40 cm weit aufspannen kannst, ohne dass es dir weh tut, und der Bogen biegt sich gleichmäßig, dann solltest du ihm mindestens einen Tag Ruhe gönnen. Spanne ihn ab und bewahre ihn ein paar Tage an einem kühlen, nicht zu trockenen Ort auf.

Wie gehabt am besten unter einem Vordach, in einer Garage, im ungeheizten Zimmer. Das Holz muss sich langsam an seine neue Aufgabe gewöhnen. Und du kannst derweil eine Sehne herstellen.

7
Die Sehne

Hier erfährst du, was du für eine gute Sehne brauchst und wie du sie am Bogen festmachst.

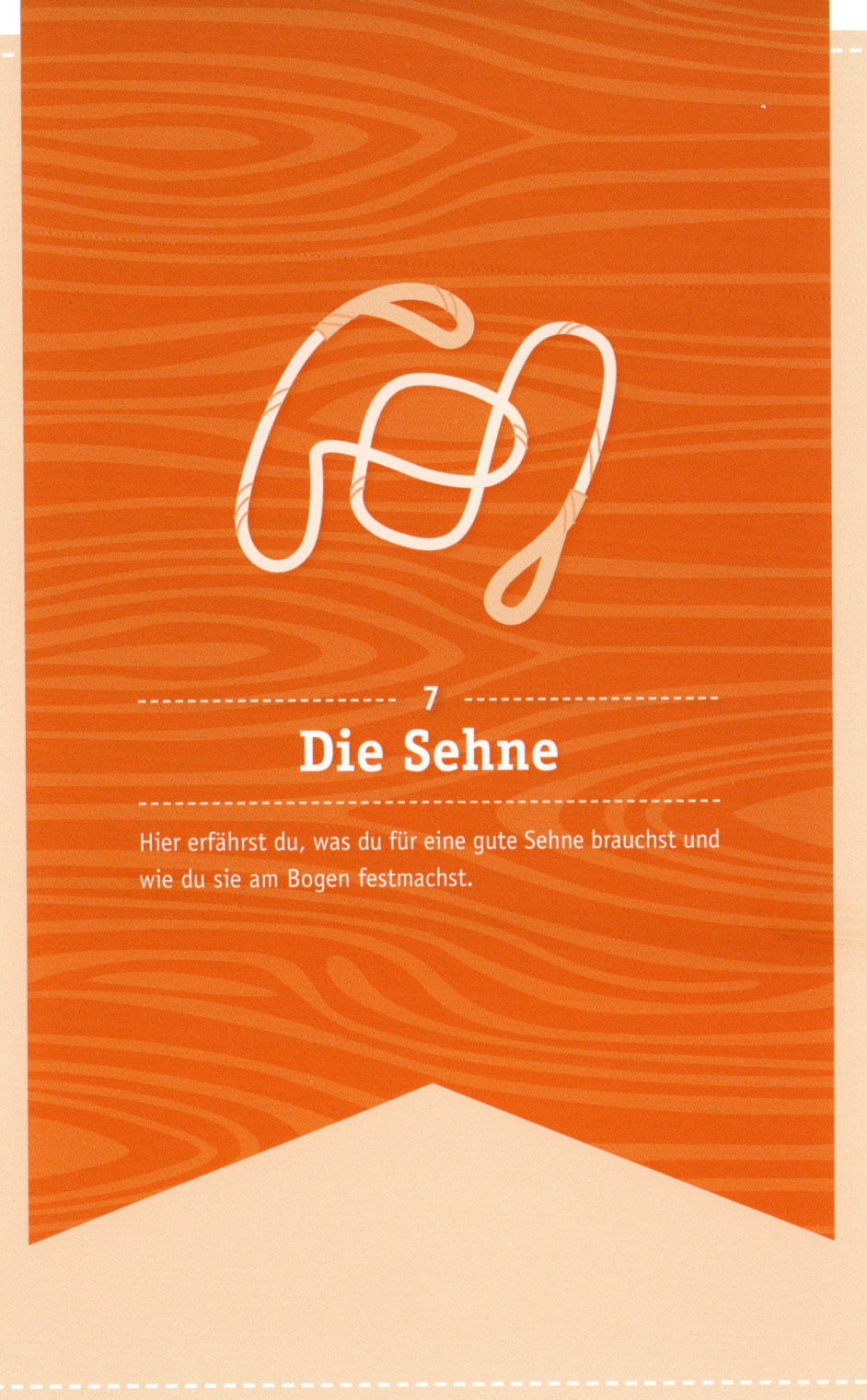

Die Bogenschützen vergangener Zeiten und fremder Kontinente habe ihre Bogensehnen aus den unterschiedlichsten Materialien gemacht.

Im Köcher des Gletschermannes „Ötzi" fanden die Archäologen eine Schnur aus Lindenbast. Sie ist 4 mm dick und würde damit gut in die Nocken seiner Pfeile passen. Wahrscheinlich ist das die Sehne für seinen unfertigen Bogen gewesen. Vielleicht hat er sie aber auch nur zufällig eingepackt, und die Bogensehnen der Steinzeit bestanden aus etwas anderem.

Denkbar wären Fasern der Brennnessel, der Leinpflanze, oder man hat Tiersehnen, Därme oder Rohhautstreifen zu einer Schnur zu verdreht. Es gibt sogar Sehnen aus Bambus, aus einem gespaltenen Rohr.

Wir machen uns eine Sehne aus Bindfaden bzw. Paketschnur. Die ist günstig und man bekommt sie fast überall. Sie sollte aus Naturmaterial sein, nicht aus Plastik, denn Plastik ist rutschig und lässt sich schlecht knoten.

Für den Holmegaard beschreibe ich auch eine Sehne aus Leinenzwirn.

Wichtig: Die Schnur darf kein „Reck" haben, sie darf sich nicht dehnen, wenn man daran zieht. Wenn man eine Sehne auf dem Bogen schießt, die viel Reck hat, dann vibriert der Bogen beim Abschuss, das nervt und führt zu ungenauem Schießen.

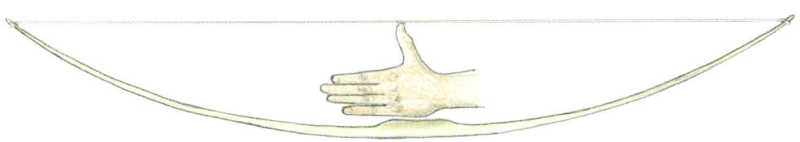

DER GEBOGENE STOCK

Für einen ganz einfachen Bogen reicht eine einfache Sehne. Knote die Sehne wie in Kapitel 6 beschrieben an den Bogen, spanne sie diesmal aber so auf, dass deine Hand mit abgespreiztem Daumen zwischen Griff und Sehne passt.

Mach das Auge des Palsteks gerade so weit, dass es über den oberen Wurfarm passt. Dann kannst du später die Sehne auf dem Bogen lassen. Zieh den **WEBLEINENSTEK** am unteren Wurfarm fest an und sichere ihn mit ein oder zwei halben Schlägen wie auf der Skizze.

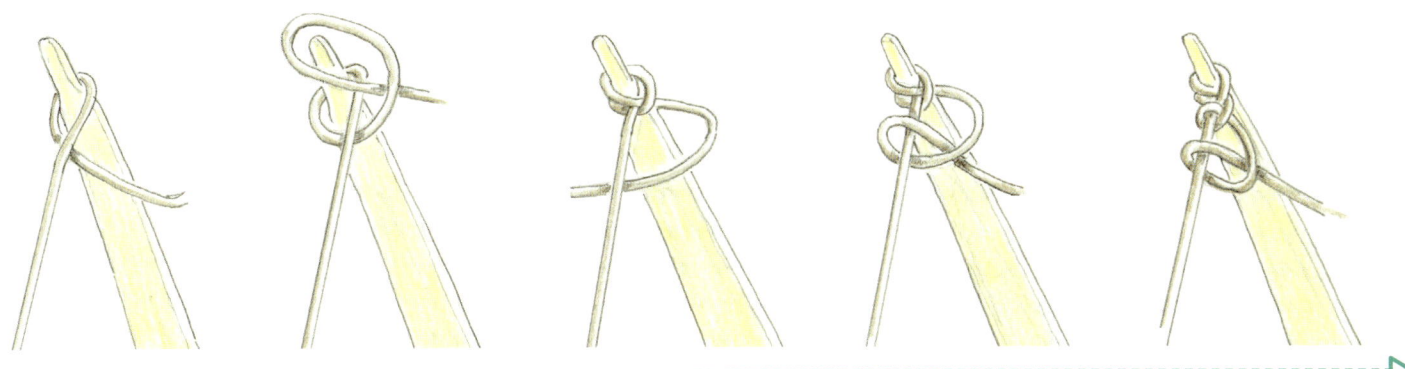

Unterer Wurfarm: Webleinenstek

HOLMEGAARD-BOGEN

Für den Holmegaard brauchst du eine stabilere Sehne, denn er wird kräftiger werden als der „Flitzebogen".

Für eine einfache Sehne kannst du Paketschnur benutzen. Sie sollte aber mindestens 3 mm dick sein. Du kannst sie auch aus mehreren dünnen Bindfäden zusammensetzen. Drehe dazu die einzelnen Schnüre zu einer zusammen. Mach an das eine Ende einen Palstek, dessen Auge über den oberen Wurfarm passt. Dann knotest du die Sehne wie oben beschrieben mit einem Webleinenstek an den unteren Wurfarm des Bogens.

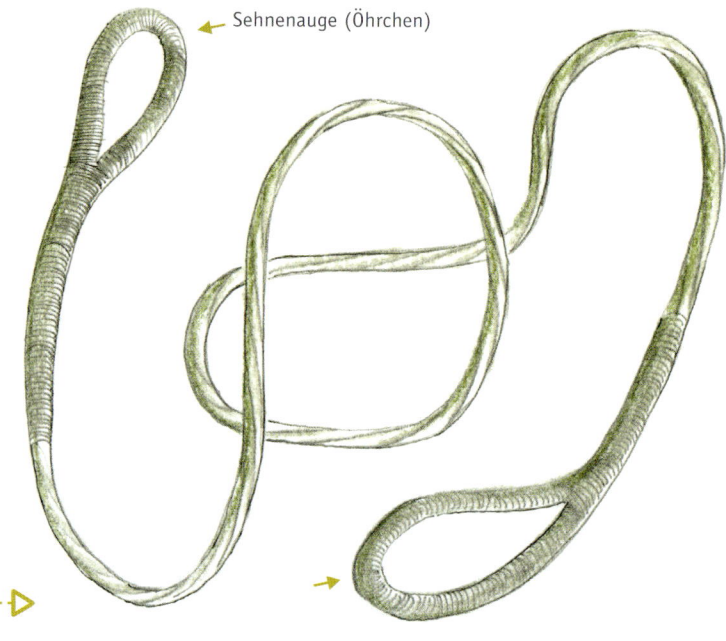
Sehnenauge (Öhrchen)

EINE GESPLEISSTE SEHNE

Eine Möglichkeit, die Sehne ohne Knoten am Bogen zu befestigen, ist die Verwendung einer Sehne mit zwei Augen (oder Öhrchen) am Ende. Die Augen werden gespleißt, das heißt, das Schnurende wird zu einem Auge geformt und das lose Ende der Schnur eingeknüpft.

Eine solche Sehne ist nicht ganz leicht herzustellen, aber wenn man es ein paarmal gemacht hat, ist es nicht mehr so schwierig. Viele Bogenschützen machen die Augen mit dem so genannten flämischen Spleiß. Ich spleiße die Augen ein bisschen anders ein, ähnlich wie ein Seemann ein Auge in ein Tau einspleißt.

Für eine solche Sehne brauchst du dünnen Bindfaden, etwa 1 mm dick. Sehr geeignet ist auch Leinengarn, das man zum Nähen von Wanderschuhen verwendet.

Du findest es z. B. im Internet, wenn du nach Spezial Doppelzwirn rohgrau suchst, oder bei einem Lederhändler oder Schuhmacher in deiner Nähe. Meistens gibt es ihn als 20/8- oder 18/3-Zwirn.

Man sagt, die Sehne soll mindestens das Vierfache des Zuggewichtes des Bogens aushalten. Für einen Bogen mit ungefähr 20 lb Zuggewicht musst du eine Sehne aus vier einzelnen 20/8er Garnen zusammensetzen.

Und das geht folgendermaßen:
Spanne die Probesehne auf den Bogen, und zwar so, dass deine Hand mit abgespreiztem Daumen zwischen Griff und Sehne passt.

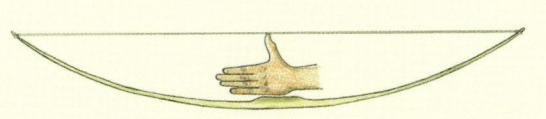

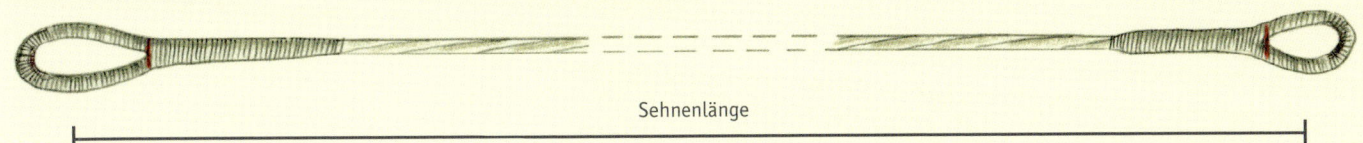

Miss mit dem Meterstab die Länge der Sehne von Augenmitte zu Augenmitte. Das ist die Länge deiner Sehne.

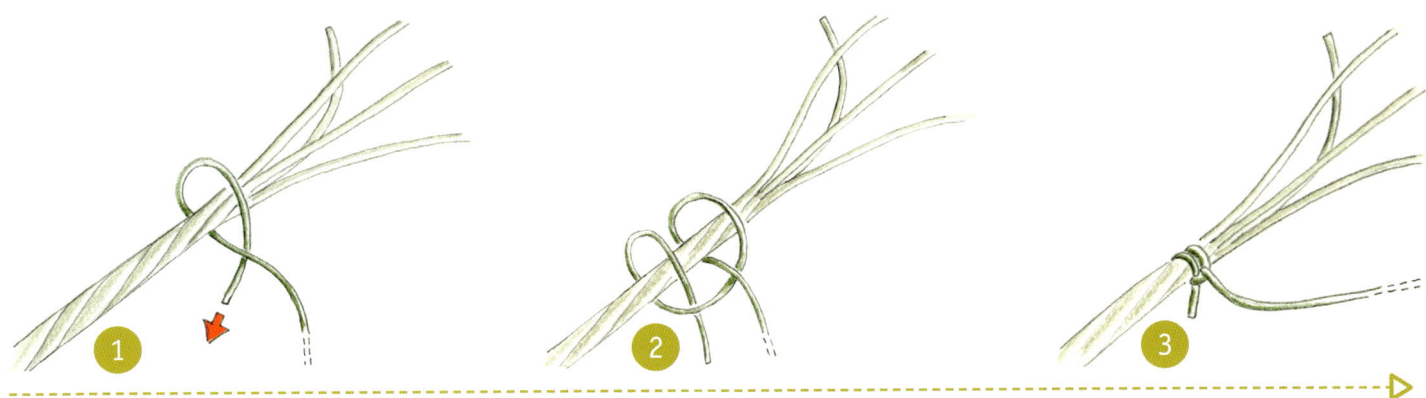

1 Schneide vier Stränge von dem Bindfaden oder dem Leinenzwirn auf das Maß Sehnenlänge + 30 cm zu. Schneide ein etwa 1,5 m langes Stück Sternchenzwirn ab.

2 12 cm vom Ende der Stränge entfernt machst du einen Webleinenstek mit dem Sternchenzwirn um die vier Stränge herum.

3 Zieh den Knoten so stramm, dass sie gebündelt sind und nicht verrutschen können.

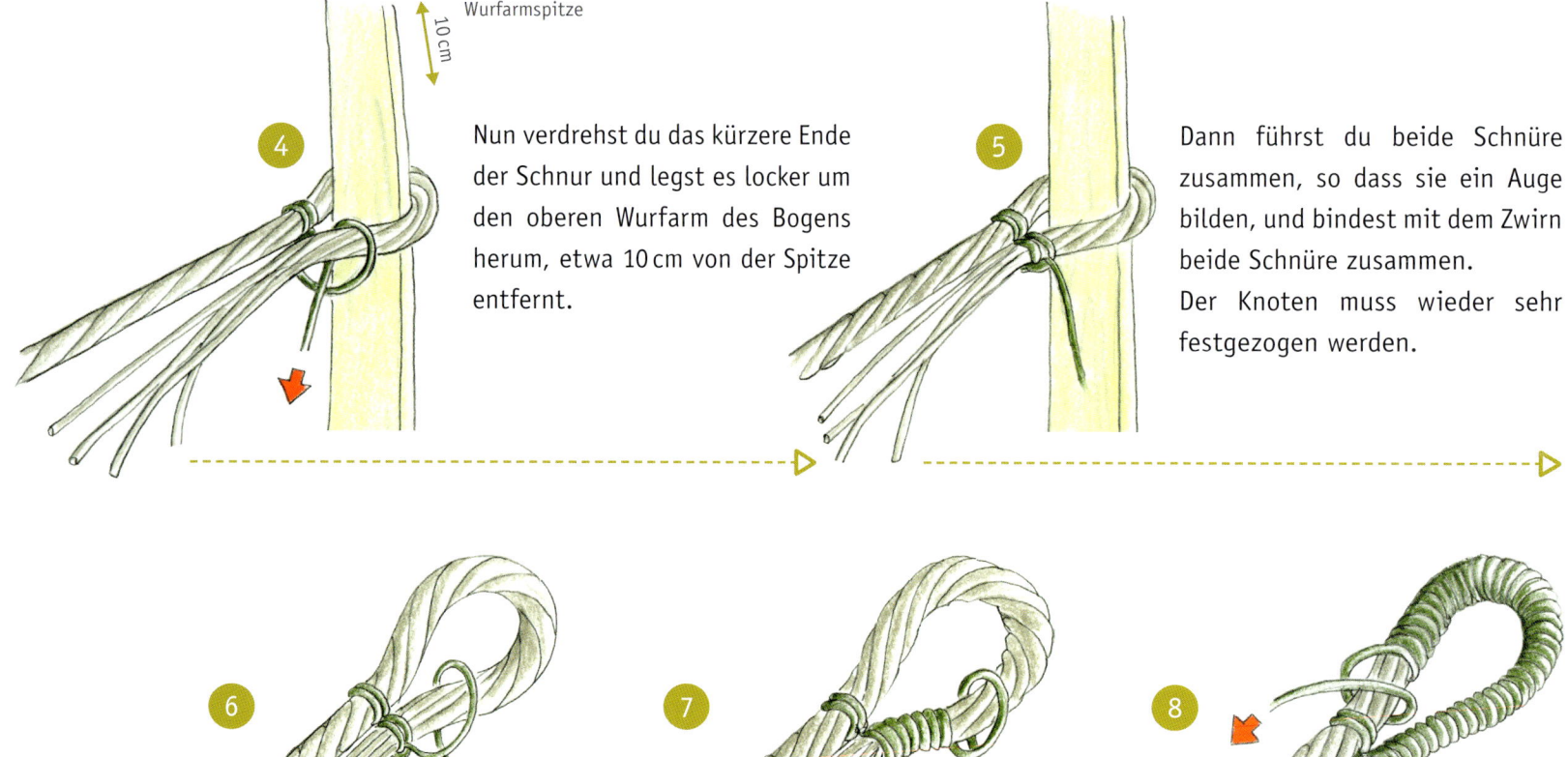

Wurfarmspitze
10 cm

4 Nun verdrehst du das kürzere Ende der Schnur und legst es locker um den oberen Wurfarm des Bogens herum, etwa 10 cm von der Spitze entfernt.

5 Dann führst du beide Schnüre zusammen, so dass sie ein Auge bilden, und bindest mit dem Zwirn beide Schnüre zusammen.
Der Knoten muss wieder sehr festgezogen werden.

Jetzt nimmst du das lose lange Ende des Sternchenzwirns und umwickelst das ganze Auge damit. Diese Wicklung verhindert, dass das Auge durchscheuert und die Sehne reißt. Du musst den Zwirn nach jeder Umwicklung schön stramm ziehen.

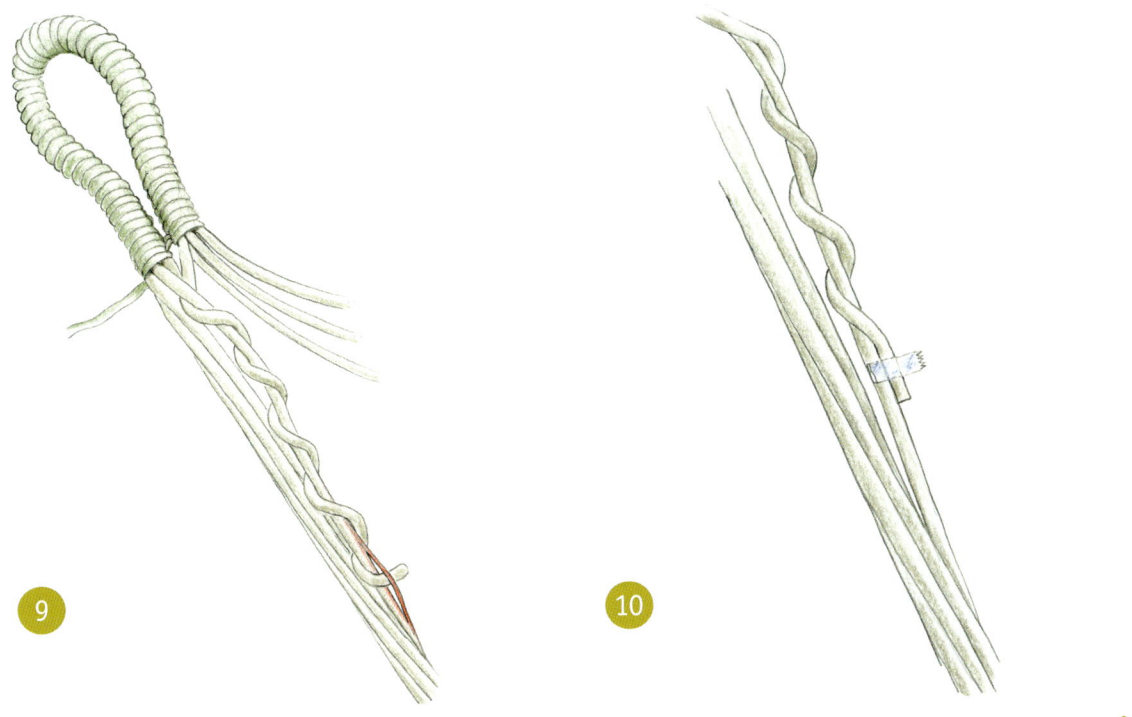

⑨

Wenn das Auge fertig gewickelt ist, hängst du es über einen Nagel/Holzstab. Dann nimmst du vom kürzeren Ende der Schnur einen Strang und wickelst ihn spiralig um einen Strang des längeren Endes.

Damit sich die Wicklung nicht wieder auflöst, ziehst du das Ende des Stranges durch den umwickelten Strang wie auf der Skizze.

⑩

Wenn du keinen Zwirn benutzt oder sich der Strang nicht öffnen lässt, um den losen Strang durchzuziehen, kannst du ihn auch mit einem ganz kleinen Stück Klebeband an den anderen Strang ankleben.

Die Stränge sollen auf einer Länge von ca. 8 cm miteinander verwunden werden. Die Enden der Stränge lässt du aus der Sehne herausschauen.

⑪ TAKLING

Wenn du auf die Art alle vier losen Stränge um die vier festen gewickelt und sie fixiert hast, umwickelst du den ganzen Spleiß mit Sternchenzwirn. Seeleute nennen das einen **Takling**. Achte darauf, dass die Wicklung schön fest wird und die einzelnen Gänge der Wicklung stramm aneinander liegen. Das sieht nicht nur gut aus, sondern sorgt auch dafür, dass der Spleiß hält.

Den letzten Zentimeter der Zwirnwicklung machst du folgendermaßen:
Lege während des Wickelns einen Bleistift mit zur Sehne und wickele ihn mit ein. Mach die Wicklung hier nicht so fest, sonst bekommst du den Bleistift nicht mehr heraus.

Wenn du den Zentimeter gewickelt hast, ziehst du den Bleistift vorsichtig heraus. Dann steckst du das lose Ende des Zwirns durch die Wicklung zurück, so dass es auf der anderen Seite etwa 10 cm herausschaut.

Nun ziehst du die lose Wicklung Gang für Gang stramm.

Wenn alles stramm sitzt, ziehst du an dem losen Ende des Zwirns, solange bis alles unter der Wicklung verschwunden ist.
Den Rest des Zwirns und der einzelnen überstehenden Sehnenstränge schneidest du ab. So hast du eine schöne Wicklung, die unsichtbar befestigt ist und gut hält.

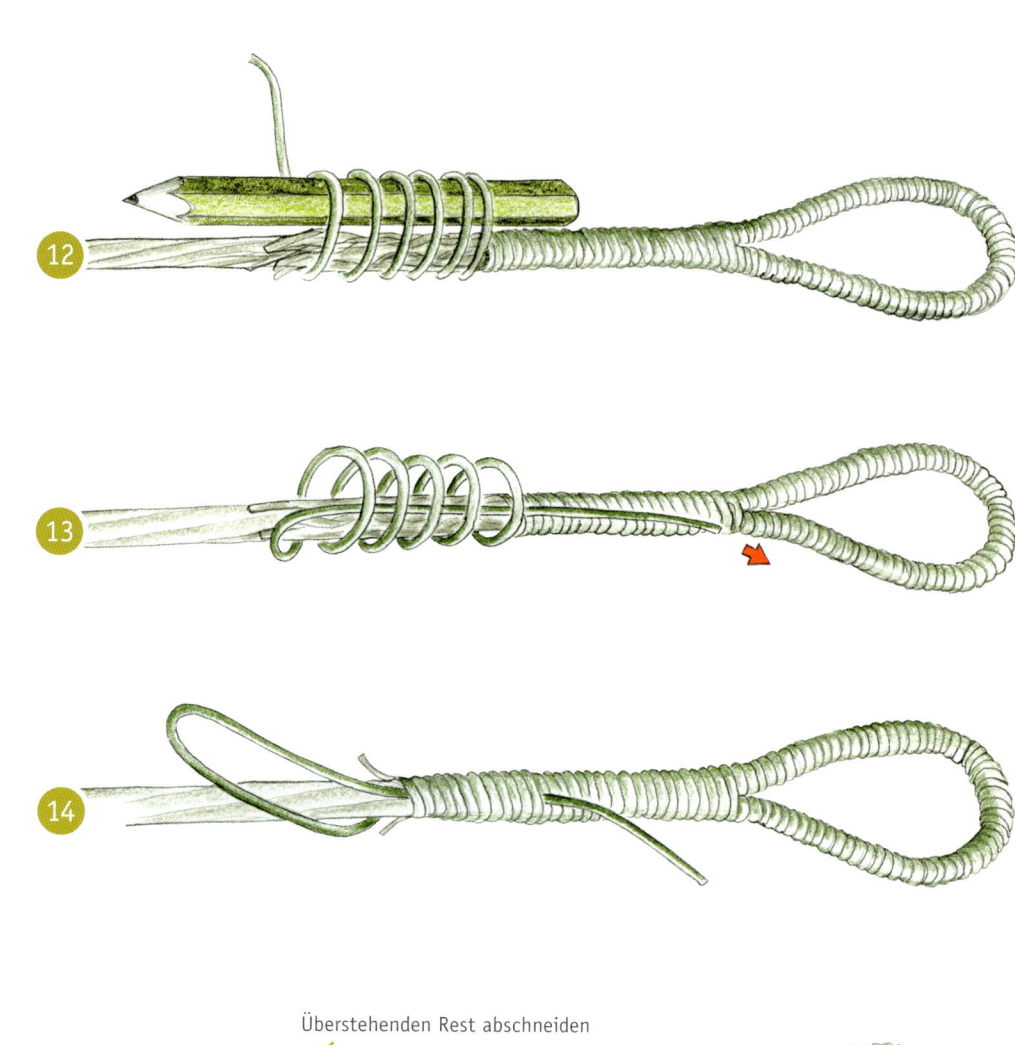

Überstehenden Rest abschneiden

Das eine Auge ist jetzt fertig. Hänge es wieder über einen Nagel/Holzstab und ziehe die losen Stränge stramm. Zeichne die Sehnenlänge + 1 cm auf dem Garn an, gemessen von der **Innenkante** des fertigen Auges.

Verdrehe die vier Stränge leicht miteinander, damit sie eine Schnur ergeben.
Schneide wieder ein Stück Zwirn von ca. 1,2 m Länge ab. Halte die Längenmarkierung auf der Sehne an die untere Wurfarmspitze und forme mit dem losen Ende ein Auge. Es soll so groß sein, dass es locker auf die Wurfarmspitze passt.

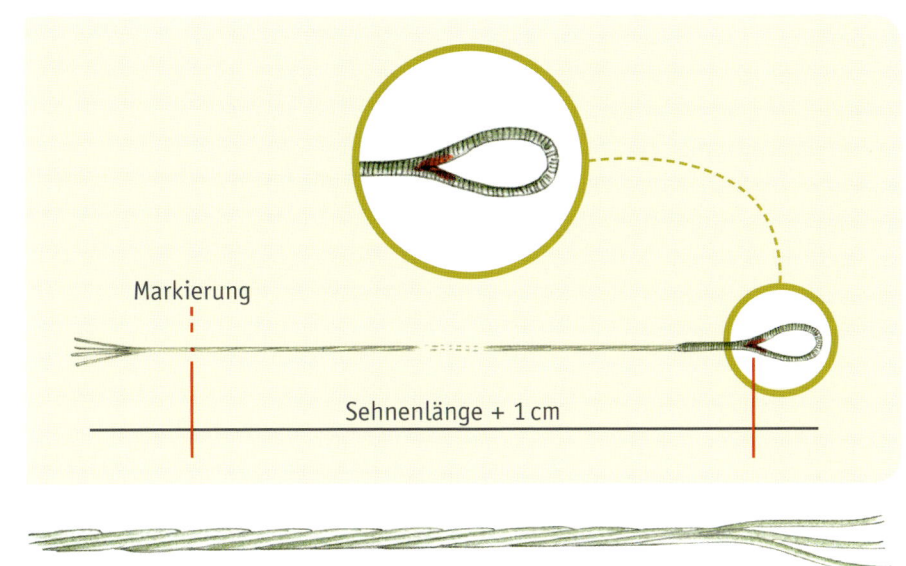

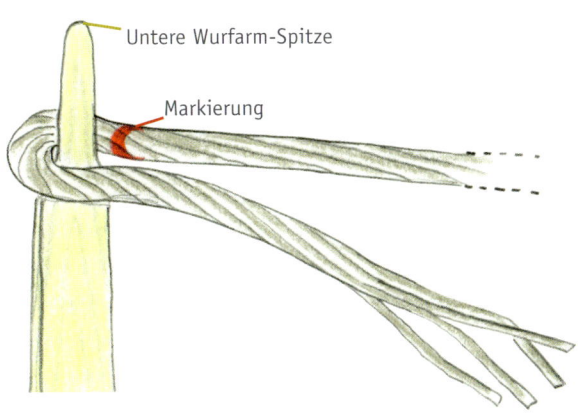

Binde beide Schnüre mit einem Webleinenstek mit dem Zwirn fest zusammen, verspleiße die einzelnen Stränge und umwickle dann das zweite Auge so wie das erste. **Nun ist deine Sehne fertig.**

Das große Auge kommt auf den oberen Wurfarm und wird zum Spannen des Bogens nur nach oben geschoben. Das kleine Auge kommt auf die untere Wurfarmspitze und bleibt dort fest.

KAPITEL 7 | DIE SEHNE 117

8
Spannen und Feintillern

Hier lernst du, wie man den Bogen aufspannt und richtig hält. Dann kannst du ihn zu Ende tillern.

Bisher haben wir den Bogen immer mit der unteren Wurfarmspitze auf den Boden gestellt, um ihn aufzuspannen. Das ist aber nicht so gut für den Bogen.

Ich sehe immer wieder schlechte Filme, in denen zottelige Steinzeitmenschen ihre Bögen als Wanderstock benutzen. Oder sie schmeißen den Bogen samt Köcher beim nachhause kommen achtlos in die Höhlenecke.

Was würde passieren, wenn man die Wurfarmspitze wie einen Spazierstock immer wieder in den steinigen oder feuchten Boden drücken würde?
Genau: Die Spitze würde aufweichen oder sich ziemlich schnell abnutzen. Der Bogen würde immer kürzer werden, bis die Sehne nicht mehr passt.

Also: völliger Quatsch. Einen Bogen trägt man beim Wandern in der Hand und achtet darauf, dass er nirgends gegenschlägt. Denn die kleinste Beschädigung könnte dazu führen, dass der Bogen kaputt geht. Dann kann man nicht mehr jagen, und ohne Jagd gibt es weniger zu essen!

DESHALB SPANNT MAN DEN BOGEN SO AUF:

1 Die fertige Sehne hast du mit dem großen Auge über den oberen Wurfarm geschoben und das kleine Auge auf die untere Wurfarmspitze gesteckt. Du hältst nun den Bogen leicht schräg vor dich, so dass die Sehne oben ist. Du steigst mit dem linken Bein in den Bogen hinein.

2 Die untere Wurfarmspitze legst du vorn auf den Spann deines rechten Fußes, so dass der Wurfarm an deinem rechten Schienbein anliegt. Dabei steht der Wurfarm nicht auf dem Boden!

3

Dann legst du den Griff des Bogens in die linke Kniekehle, aber **nur den Griff und genau in die Kniekehle,** achte darauf!

4

Nun kannst du den Bogen bequem zu dir hinbiegen und das Auge der Sehne auf dem Wurfarm hinaufschieben, bis es auf der Spitze steckt.

Schau nach, ob die Augen korrekt auf der Spitze sitzen, so dass die Sehne mittig auf dem Wurfarm liegt.
Linkshänder machen alles anders herum.

Überprüfe auch nochmal, ob der Bogen richtig aufgespannt ist. Bekommst du deine Hand mit abgespreiztem Daumen zwischen Bogen und Sehne?
Wenn der Daumen die Sehne nicht berührt, ist die Sehne zu kurz geworden. Dann musst du eine neue, passende machen. Wahrscheinlich wird sie aber etwas zu lang sein, denn wir haben ja einen Zentimeter dazugegeben. Du kannst die Sehne wieder verkürzen, indem du sie weiter verdrehst.

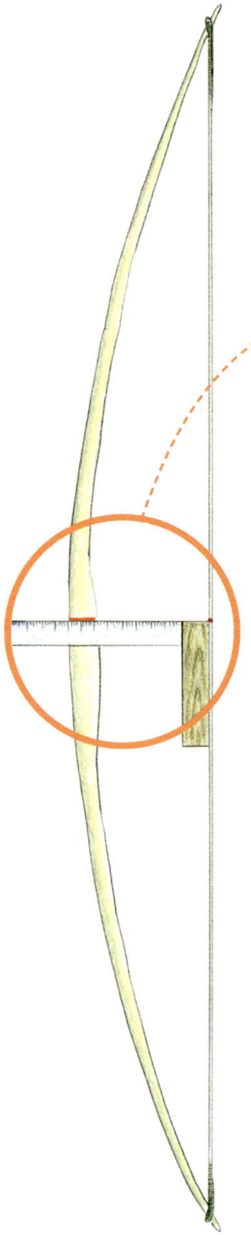

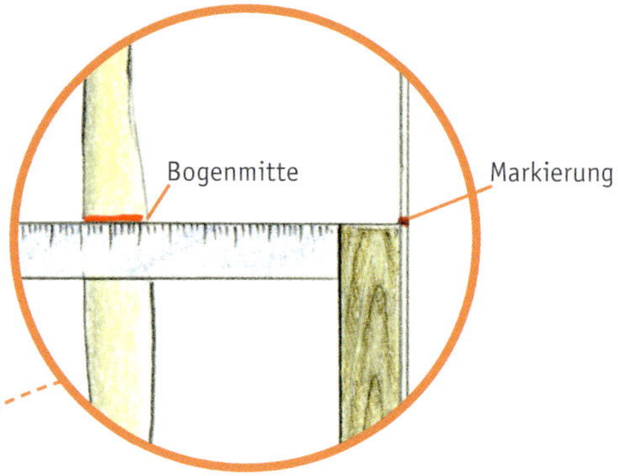

Jetzt kannst du den Bogen mal richtig spannen.

Aber langsam! Erst brauchen wir die Mitte der Sehne: Dazu spannst du den Bogen ganz leicht mit dem Griff in den Schraubstock, so dass die Sehne zu dir zeigt.
Leg den rechten Winkel an die Sehne, so dass der Winkel auf die Bogenmitte zeigt, und mach auf der Sehne mit dem Fasermaler eine Markierung.

Beim Bogenschießen ist die richtige Haltung wichtig. Darüber mehr im elften Kapitel, wir wollen uns zunächst mit dem Wichtigsten beschäftigen.
Fasse den Bogen mit der linken Faust, stell dich aufrecht hin und strecke den linken Arm mit dem Bogen seitlich von dir weg. Arm und Schultern sollen eine möglichst gerade Linie bilden.

KAPITEL 8 | BOGEN SPANNEN + FEINTILLERN

Fasse mit der rechten Hand die Sehne. Es gibt mehrere Arten, die Sehne zu halten, ich bevorzuge die sogenannte Mittelmeerspannung:

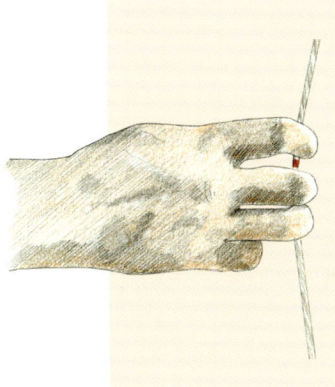

Drei Finger halten die Sehne, der Zeigefinger sitzt über dem Pfeil (in diesem Fall über dem Markierungspunkt auf der Sehne).
Mittel- und Ringfinger sitzen darunter, der Daumen wird nicht gebraucht. Nur die Fingerspitzen halten die Sehne.

Jetzt kannst du am Bogen ziehen, aber erst mal ganz sachte, dann ein bisschen mehr.
Der Bogen muss sich ja daran gewöhnen, dass er jetzt arbeiten soll. Wenn man dich morgens blitzartig aus dem Bett scheuchen und ohne Frühstück sofort in die Schule schicken würde, dann hättest du wahrscheinlich auch Probleme. Man sollte den Bogen deshalb vorsichtig aufwärmen, also ein paarmal halb ziehen (aber nicht die Sehne schnalzen lassen, siehe S. 100) und dann erst die Sehne bis zur Nasenspitze ziehen.

Wie ist der Bogen? Lässt er sich angenehm ziehen?

Wenn du merkst, dass du ihn gar nicht ganz ausziehen kannst (zumindest bis zur Nasenspitze), oder ihn nicht ziehen kannst, ohne stark zu zittern, dann ist er zu kräftig für dich. Er biegt sich noch nicht genug. Du musst ihn noch ein bisschen nachtillern, so lange bis es passt. Und immer auf die Gleichmäßigkeit der Biegung achten. Nie zu viel Holz auf einmal abnehmen und immer wieder kontrollieren, kontrollieren und nochmals kontrollieren…

Wenn du den Bogen soweit getillert hast, dass er sich angenehm ziehen lässt und die Wurfarme sich gleichmäßig biegen, spannst du den Bogen ab.
Die Prozedur ist dieselbe – linkes Bein in den Bogen, unteren Wurfarm ans rechte Schienbein. Griff in die linke Kniekehle, Bogen biegen und dann das obere Auge auf den Wurfarm herunter schieben. Diesmal wollen wir aber die Sehne abnehmen, also Bogen biegen und das obere Auge von der Wurfarmspitze abnehmen, unteres Auge auch.
Pass auf, dass sich die verdrehte Sehne nicht wieder aufdreht. Dazu kannst du sie mit den beiden Augen auf einen Stock stecken.

Jetzt kannst du den Bogen schleifen.

Zuerst mit dem 80er Papier, bis alle rauen Stellen glatt sind. Dann gibst du dem Bogen einen Endschliff mit dem 160er (150er geht auch), bis der Bogen überall schön glatt ist. Vor allem die Kanten müssen schön rund sein.

Nun kannst du dem Bogen einen Überzug verpassen, damit die Oberfläche geschützt ist und der Bogen auch mal nass werden kann. Das geht sehr gut mit Melkfett. Es klebt nicht, wird nicht ranzig und schützt sehr gut. Du kannst Melkfett im Raiffeisenhandel kaufen. Wenn du keins bekommst, kannst du auch Speiseöl nehmen.

Gib etwas Melkfett (oder Öl) auf einen Lappen und reibe den ganzen Bogen sorgfältig damit ein, ruhig mehrfach. Wenn du mit dem Lappen fester zupackst, erzeugst du Reibungswärme. Das ist gut so, denn dann zieht das Fett besser ins Holz ein.

Du solltest übrigens den Bogen mindestens alle halbe Jahr wieder mal mit Melkfett oder Öl abreiben. Das mag er gern!

NOCKPUNKT

Auf der Sehne machst du 5 mm oberhalb der Mittenmarkierung (Seite 122) eine kleine Wicklung mit Zwirn. Sichere sie mit zwei halben Schlägen und etwas Klebstoff. Das ist der so genannte Nockpunkt. Der Pfeil wird später genau unterhalb des Nockpunktes auf die Sehne gelegt.

Zum Schluss umwickelst du die Sehne im Bereich 3 cm oberhalb und ca. 6 cm unterhalb des Nockpunktes mit Zwirn. Das verhindert, dass die Sehne dort, wo der Pfeil aufliegt, im Laufe der Zeit durchgescheuert wird.

Die Sehne kann auch gern etwas Schutz vertragen. Reibe sie mit Bienenwachs ein und fahre ein paarmal fest mit dem Lappen drüber. Durch die Reibungswärme zieht das Wachs gut in de Sehne ein. Dann reibst du sie noch mal mit Melkfett ab.

Nun solltest du dem Bogen wieder ein paar Tage Ruhe gönnen und die Zeit nutzen, um richtig gute Pfeile zu bauen.

9
Die Pfeile

Warum ein schlechter Bogen mit guten Pfeilen besser schießt als ein guter Bogen mit schlechten Pfeilen. Welche Materialien man für einen guten Pfeil braucht und wie man ihn herstellt.

Es gibt ja eine ganze Menge Männer, die mit ihrer Muskelstärke angeben und sich für die Größten halten, wenn sie überall ordentlich Muckis haben.

Wenn sich früher mal wieder so ein Angeber in Positur stellte, haben wir immer auf die Armmuskeln gezeigt und gesagt:

„Was nützen einem hier 10.000 Volt, wenn man hier" – und dabei zeigten wir auf den Kopf – „keine Lampe hat!"

So ähnlich ist es auch mit Pfeil und Bogen. Was nützt einem der beste und stärkste Bogen, wenn man mit schlechten Pfeilen schießt? Der Bogen speichert „nur" Energie und gibt sie wieder ab. Der Pfeil aber soll das Ziel erreichen, und das kann er nur, wenn er gut fliegt. Und das tut er nur, wenn er gut gemacht ist. Darum ist es leichter, mit einem schlechten Bogen einen guten Pfeil zu schießen als umgekehrt.

Ein guter Bogen mit unpassenden Pfeilen – das ist wie 1000 Meter laufen mit bloßen Füßen. Wie Musikhören durch den Telefonhörer.

128 KAPITEL 9 | DIE PFEILE

AUSZUG

Zunächst musst du herausfinden, wie lang dein Pfeil werden soll. Deine Auszugslänge, also die Strecke, die du deinen Bogen ziehen kannst, ermittelst du folgendermaßen:

Nimm einen Pfeilschaft (Kiefer-Rundstab oder Schössling) und stelle ihn senkrecht auf dein Brustbein (die Vertiefung vorn auf deinem Brustkasten), beim Schössling das dicke Ende.

Stell dich aufrecht hin, strecke die Arme waagerecht vom Körper weg und halte den Schaft dazwischen.
Wo deine Mittelfinger den Pfeilschaft berühren, machst du eine **Markierung** auf den Schaft. Das ist deine Auszugslänge. Gib noch 2 cm hinzu und säge dort den Schaft ab.

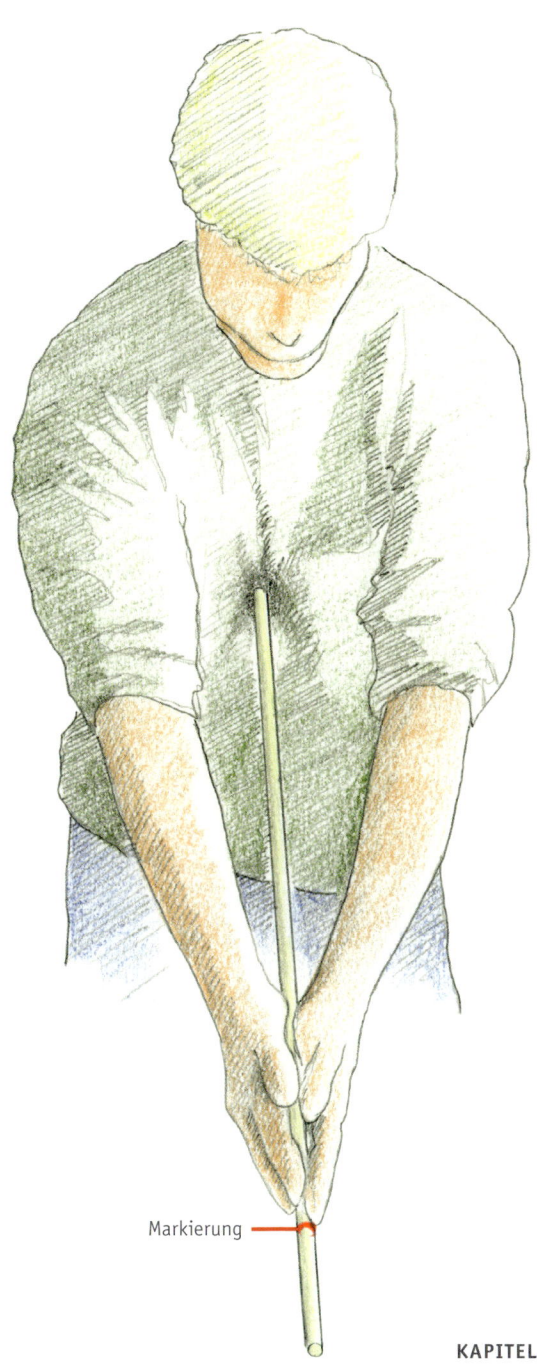

Markierung

Der gebogene Stock

Für einen guten Pfeil brauchst du:

- **Rundstab Kiefer** Ø = 6–8 mm, 1 m lang
- **Meterstab**, **Bleistift**
- **Puk-Säge**
- 2 ganze **Federn**
- dünnen **Zwirn**
- etwas **Klebstoff**
- scharfes **Messer**
- Evtl. **Eisennagel** 4 mm dick
- **Kombizange**

EINFACHER PFEIL

Kiefer-Rundstab 6 oder 8 mm bekommst du im Baumarkt. Mit 6 mm Dicke kommst du aus, wenn es 6 mm nicht gibt, kannst du auch 8 nehmen. Allerdings musst du sie sorgfältig auswählen.

Auf Folgendes solltest du achten:
- Die Stäbe müssen gerade sein
- Sie dürfen keine Astknoten oder große Wirbel enthalten
- Die Holzmaserung muss von einem Ende bis zum anderen durchlaufen

Wenn sie das nicht tut, ist der Stab so aus dem Holz gefräst worden, dass die Jahrringe schräg angeschnitten wurden. Dann wird er bald brechen, genauso an Astknoten. Lass dir also Zeit bei der Auswahl, guck lieber 100 Stäbe an und wähle die zehn schönsten aus, als gleich die erstbesten zu nehmen.

Du hast alle Schäfte geprüft und auf Länge gesägt? Dann machst du jetzt die Nocke an einen Pfeil, also die Sehnenkerbe.

1 **Schaue dazu auf eine Stirnfläche:**

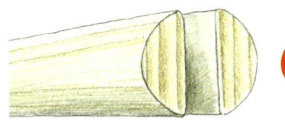

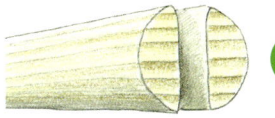

Wie verlaufen die Jahrringe? Das musst du wissen, denn die Sehnenkerbe soll rechtwinklig dazu stehen.
Es verhindert, dass der Pfeil spaltet, wenn die Sehne in der Kerbe Druck ausübt, und ist ganz wichtig.

2 Die **Sehnenkerbe** sägst du am einfachsten mit einer Fliesensäge ein. Diese bekommst du in jedem Baumarkt. Entweder als ganze Säge, oder du kaufst nur die Sägeblätter. Diese sind mit Hartmetall bestückt und passen in jede handelsübliche Puk-Säge. Achte darauf, dass das Sägeblatt ungefähr 3–4 mm dick ist, sonst passt die Sehne deines Bogens nicht in die Kerbe.

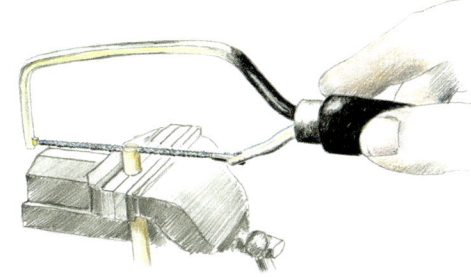

Spanne den Pfeilschaft wie auf dem Bild gezeigt in einen Schraubstock so ein, dass nur noch etwa 3 cm oben herausgucken.
Dann sägst Du vorsichtig in das Hirnholz hinein, bis die Kerbe etwa 6–7 mm tief ist.

Achte darauf, dass der Sägeschnitt in der Mitte des Schaftes liegt und beide seitliche Wangen gleich groß bleiben.

3 Falte das Schleifpapier einmal und schleife die Sehnenkerbe innen schön glatt, vor allem den Schlitzgrund. Achte darauf, dass die Kanten des Schlitzgrundes schön rund werden, damit die Sehne sich hier nicht so stark um die Ecke biegen muss. Das andere Ende des Pfeils kannst du anspitzen, aber nicht zu scharf, sonst bricht die Spitze gleich wieder ab.

DIE BEFIEDERUNG MACHST DU SO:

Federn findest du beim Spazierengehen im Wald, am See oder Meer, auf den Feldern (hier gern unter Strommasten, da sitzen die Vögel gern zwecks des Überblicks), beim Bauern, der Gänse oder Puten hält, oder in Opas Hühnerstall.

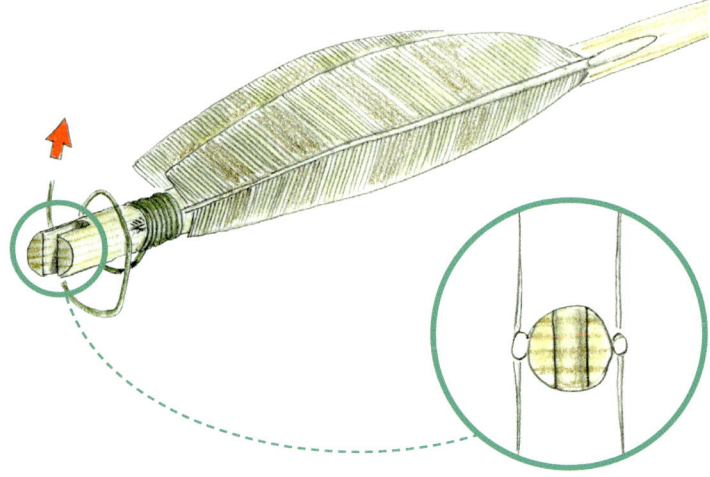

Die Federn sollten mindestens 10 cm lang sein. Nimm zwei gleich lange Federn und schnitze den Kiel (Bezeichnungen an der Feder siehe Seite 145) auf der einen Seite zur Hälfte weg.

Binde sie mit dem dünnen Zwirn auf beide Seiten am hinteren Ende des Pfeils, da wo die Nocke ist. Dabei zeigt der Federkiel zur Spitze, die Federn stehen parallel zur Sehnenkerbe.

HINTEN

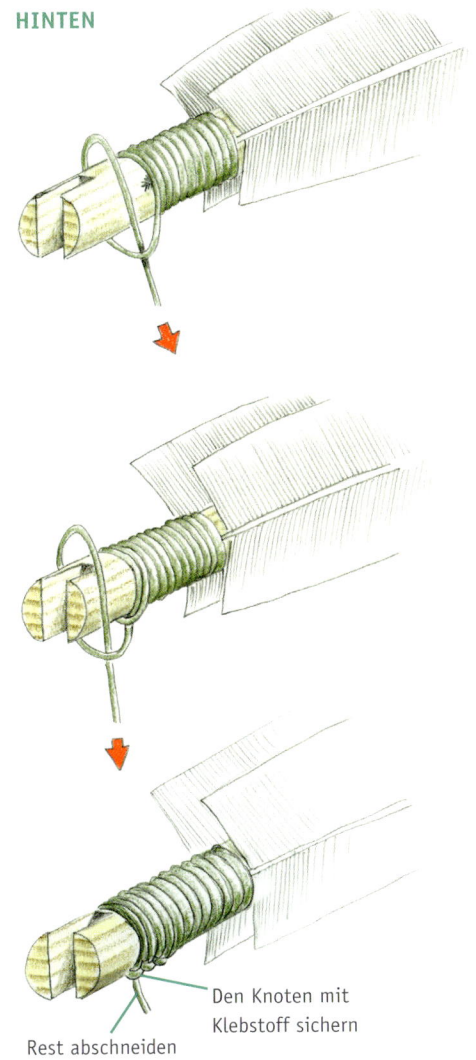

Rest abschneiden — Den Knoten mit Klebstoff sichern

Halte von der Nocke mindestens zwei Zentimeter Abstand, dann sind die Federn nicht im Weg, wenn du den Pfeil greifst.

Wickle das eine Ende des Zwirns mit ein (siehe rechts) und mach am Ende der Wicklung einen doppelten Webleinenstek (bzw. vier halbe Schläge) um den Schaft.

Die Wicklung sollte etwa unterhalb der Sehnenkerbe aufhören, damit verhinderst du, dass die Sehnenkerbe aufspaltet.
Die Knoten sicherst du mit etwas Klebstoff. Genauso wickelst du die Federn vorne an.

Achte darauf, dass die Wicklung die Federschäfte vollständig verdeckt. Sonst schneiden die scharfen Kanten der Federschäfte beim Abschuss in deine Hand!

VORNE

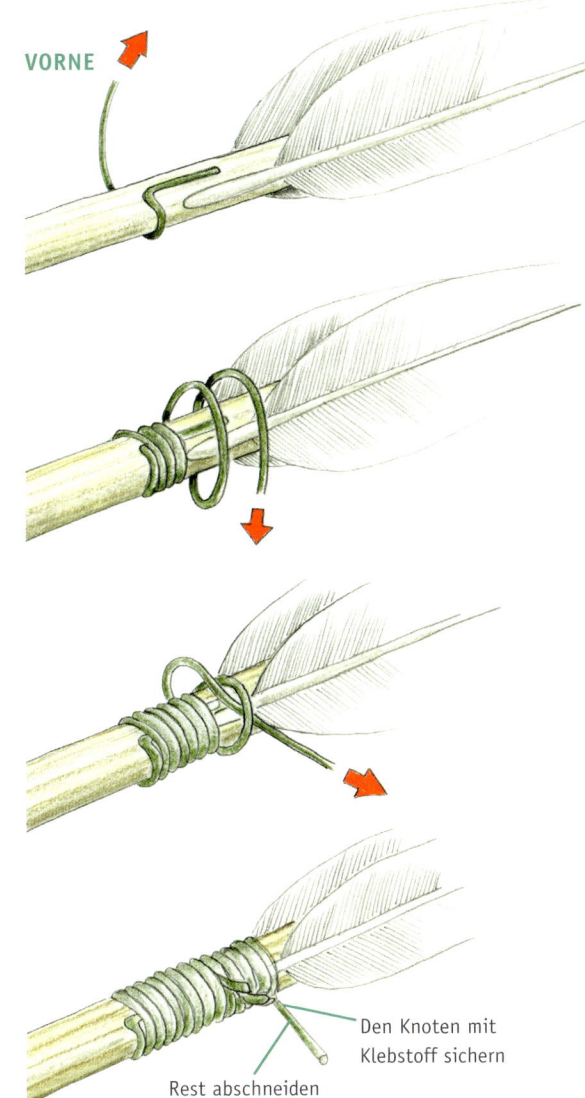

Rest abschneiden — Den Knoten mit Klebstoff sichern

KAPITEL 9 | DIE PFEILE

Holmegaard

Für einen guten Pfeil brauchst du:

- Schössling vom Haselstrauch, Schneeball o.a. Sträuchern
- Meterstab, Bleistift
- Rosenschere oder schmale Gartensäge
- Holzbrett
- Puk-Säge oder andere Feinsäge
- 3 ganze Federn
- Kontaktkleber (z. B. Pattex®)
- Sternchenzwirn
- scharfes Messer
- Schleifpapier 80er
- Schere
- kleines Stück festen Karton, Geo-Dreieck, Zirkel
- Fasermaler (z. B. Edding®) in verschiedenen Farben
- Melkfett
- Evtl. Knochen- oder Geweihstück
- Feile
- wasserfesten Holzleim (z. B. Ponal®) o. Klebstoff (z. B. UHU®)

PFEILSCHÄFTE

Für den Holmegaard wollen wir Pfeile aus Schösslingen von Sträuchern machen.
Natürlich kannst du dir auch ganz einfache Pfeile aus Kiefernstäben bauen wie oben beschrieben, vielleicht mit einer Dreifachbefiederung (s. Seite 148). Aber ich ziehe Naturpfeile vor. Sie passen besser zum Bogen und sind, genau wie der Holmegaard, schwieriger herzustellen, also eine Herausforderung an dein handwerkliches Geschick. Dafür sehen sie aber auch viel schöner aus.

Geeignete Schösslinge, also junge Triebe, die in der Mitte von Büschen wachsen, findest du an Sträuchern in Parks, Hecken, in eurem Garten oder dem der Nachbarn, an Waldrändern und Straßenböschungen.

Wie beim Bogenrohling solltest du vor dem Abschneiden um Erlaubnis fragen und selbstverständlich Wachstumszeiten und Naturschutzgebiete respektieren.
Normalerweise kannst du dir aber aus einem Gebüsch ein oder zwei Pfeilschäfte herausschneiden, ohne dass sich jemand aufregt.

Für Pfeilschäfte eigenen sich folgende Holzarten am besten:

Hartriegel
(cornus sanguinea)

Gutes Pfeilholz, Hartriegel wächst fast überall.

Wolliger
Schneeball
(viburnum lantana)

Sehr gutes Pfeilholz, wächst auf kalkhaltigen Böden, deshalb nicht überall erhältlich. Ötzis Pfeile waren daraus gemacht.

Gemeiner
Schneeball
(viburnum opulus)

Häufiger als der wollige, aber nicht ganz so gut geeignet, ziemlich leicht.

Hasel
(corylus avellana)

Haselsträucher gibt es an jeder Ecke, das Holz ist ganz gut, neigt aber mit zunehmendem Alter dazu, spröde zu werden.

ERNTE UND AUSWAHL

Die beste Zeit, Schäfte zu ernten, ist der Winter, wie beim Bogenholz auch, besonders die Zeit um den ersten Neumond im Jahr. Weil jetzt keine Blätter an den Sträuchern sind, kannst du umso besser erkennen, ob in einem Gebüsch brauchbare Schösslinge wachsen, und es ist wenig Saft im Holz.

Lass dir Zeit bei der Auswahl und achte auf Folgendes:
- ✓ Die Schösslinge müssen möglichst gerade sein
- ✓ Sie sollten etwa 9 – 10 mm dick sein
- ✓ Sie sollten einen gleichmäßigen Dickenzuwachs haben. Ein Schössling ist von Natur aus immer am oberen Ende etwas dünner als am unteren.
- ✓ Such nur solche aus, die auf mindestens 50 cm Länge möglichst gleich dick sind. Sie müssen aber am dünneren Ende auf jeden Fall mindestens 9 mm Durchmesser haben.

Sie dürfen möglichst keine Astansätze haben

Sie dürfen keine Wachstumsschäden wie Umwallungen oder Scheuerstellen aufweisen

Einzelne Blätter sind kein Problem

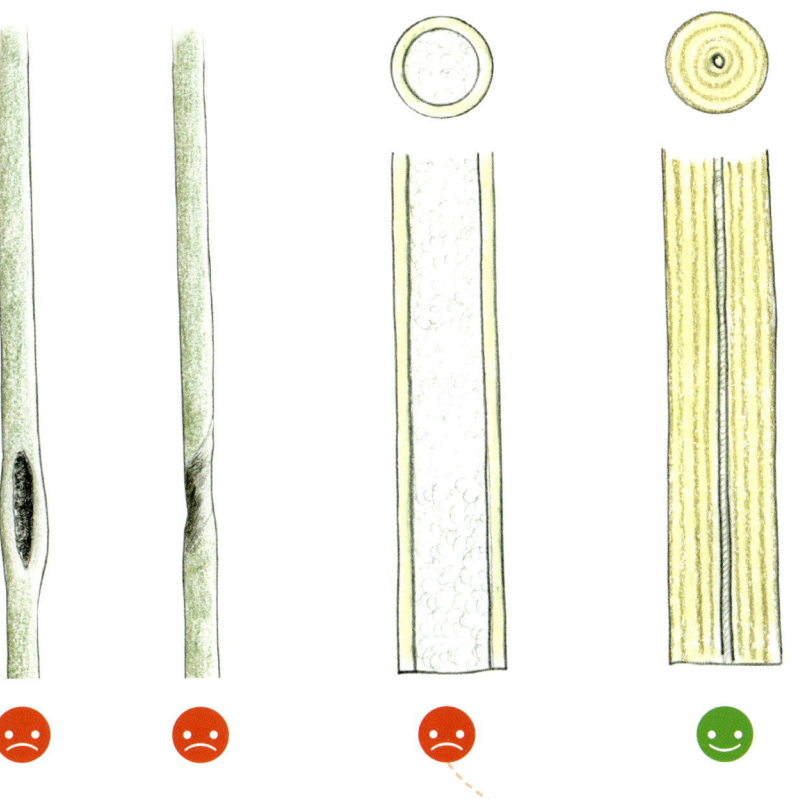

Wenn du einen passenden Schössling gefunden hast, schneidest du ihn mit der Gartensäge oder der Rosenschere ab.

Kürze ihn (vom dickeren Ende aus gemessen) auf etwa 1 m und versiegele die Schnittflächen wie beim Bogenrohling mit Leim oder Farbe. Dann legst du sie an einen trockenen kühlen Ort, wo Wind drankommt, aber keine Sonne, und lässt sie ein paar Tage trocknen.

Solche, die auf dieser Länge unten eine borkige Rinde haben und oben noch ganz grün sind und voller frischer Blätter, die solltest du stehen lassen.

Bei denen ist die Markröhre am oberen Ende noch sehr dick, die Sehne hat also keine stabile Auflage in der Kerbe.

KAPITEL 9 | DIE PFEILE

PFEIL FÜR FORTGESCHRITTENE

Lass die Schösslinge etwa drei bis vier Wochen in der Rinde trocknen. Während dieser Zeit kannst du sie immer mal wieder gerade richten. Kaum ein Schössling ist von Natur aus vollkommen gerade. Leichte Biegungen kannst du korrigieren, indem du den Pfeil ein bisschen in die entgegengesetzte Richtung überbiegst, so lange, bis er gerade bleibt. Starke Biegungen oder scharfe Knicke kann man schlecht richten, solche Schäfte solltest du erst gar nicht mitnehmen.

Biege die Schäfte so lange, bis sie gerade bleiben. **Aber Vorsicht:** Vor allem beim wolligen Schneeball ist es so, dass der Schaft zwischen den Astknoten eine kleine Biegung macht.

Das kann man vernachlässigen, wenn der Schaft insgesamt auf ganzer Länge gerade ist. Es ist sehr schwer, diese kleinen Biegungen geradezurichten, oft bricht der Schaft dabei.

Nach vier Wochen Trocknen und richten kannst du mit dem Taschenmesser die Rinde von den Schäften herunter schaben, aber vorsichtig, nicht ins Holz schneiden.

Wenn die Rinde unten ist, kannst du die Schäfte noch ein paar Tage lang richten, dann sind sie endgültig trocken. Was jetzt nicht gerade ist, wird es auch nicht mehr.

Und Obacht: Wenn die Rinde noch am Schaft sitzt und es knackt beim Richten, dann ist das normal, denn die Rinde schrumpft beim Trocknen. Man sollte den Schaft aber anschließend trotzdem überprüfen.
Wenn aber ein entrindeter Schaft beim Richten knackt, hast du ihn überbogen. Er hat einen Riss bekommen. Wahrscheinlich ist er nicht mehr zu gebrauchen, sortiere ihn also aus. Nur fehlerfreie Schösslinge bekommen die Chance, gute und zuverlässige Pfeile zu werden.

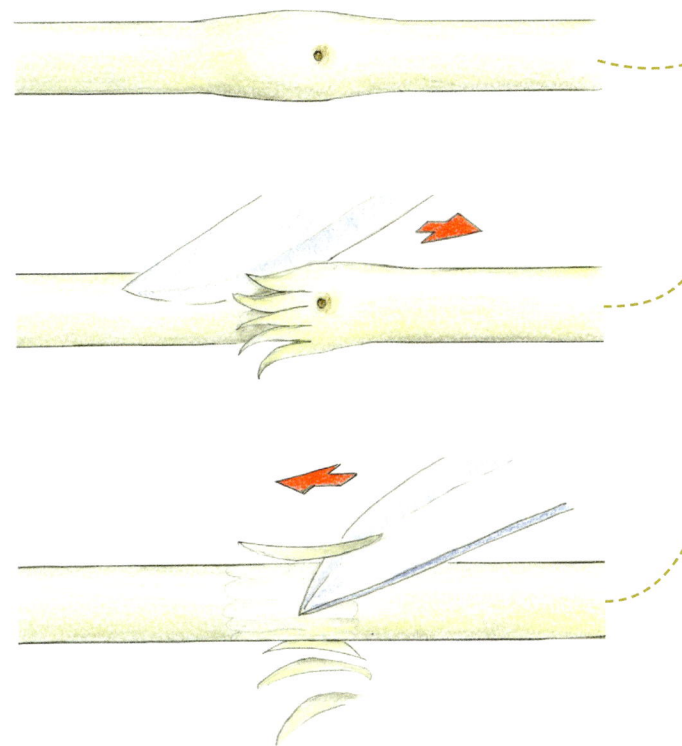

Wenn die Schäfte schön trocken sind, kannst du die Astknoten abschnitzen. Schnitze mit einem scharfen Messer die Verdickungen ab, aber nimm nur ganz hauchdünne Späne ab und schnitze nur bis zur Astmitte.

Dann drehst du den Pfeil um und schnitzt von der anderen Seite die Verdickungen ab, auch nur bis zur Astmitte. So verhinderst du, dass du über den Ast hinaus und ins Holz schneidest. Wenn der Schaft glatt geschnitzt ist, schleifst du ihn mit dem 80er Schleifpapier rundum ganz glatt.

Noch eine letzte Prüfung: Schau den Schaft noch mal genau von allen Seiten an, biege ihn ein bisschen und kontrolliere, ob er das verträgt. Der Pfeil muss ja wegen des Bogenparadoxon elastisch sein (siehe Kapitel 2). Wenn er sich gar nicht biegen lässt, ist er zu steif, er würde ganz schlecht fliegen. Behält er die Biegung bei, dann ist er zu weich und taugt ebenfalls nichts. Nach ein paar Schüssen mit verschiedenen Pfeilen und unterschiedlichen Spine-Werten bekommst du ein Gefühl dafür, welcher Schaft passt und welcher nicht. Er darf keine Risse, keine Schwachstellen haben.

Alles ok? Dann kannst du jetzt am dünneren Ende die **Sehnenkerbe** anbringen wie auf Seite 131 beschrieben.

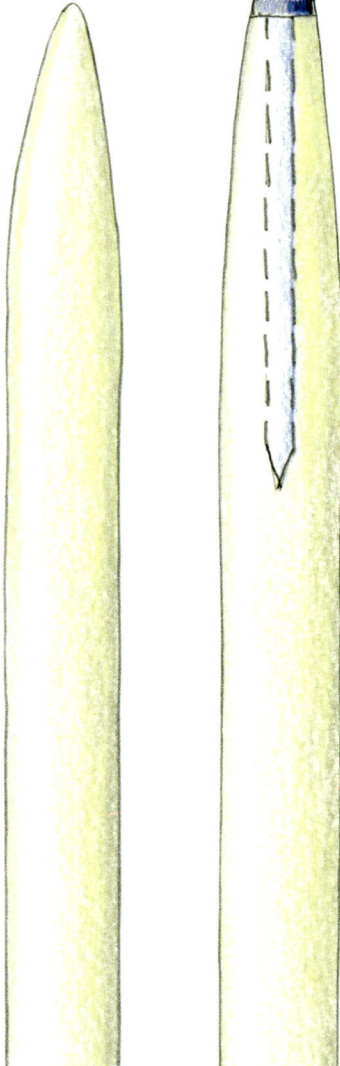

EINE KNOCHENSPITZE

Das dickere Ende des Schaftes kannst du einfach anspitzen. Oder du bohrst vorsichtig ein Loch in die Markröhre und steckst einen Nagel hinein, so dass der Nagelkopf vorn herausschaut – nicht die Nagelspitze!! Das wäre dann schon eine gefährliche Waffe, mehr dazu im 11. Kapitel.

Etwas aufwändiger ist es, eine Spitze einzusetzen, und das geht so: Besorge dir beim Schlachter/Metzger/Fleischer einen geraden Knochen von einem jungen Tier, z. B. einen Mittelfußknochen oder ein Schienbein.
Bitte den Schlachter, dir aus dem Knochen einen geraden Span herauszusägen, der etwa 4–5 mm dick ist, 6–8 cm lang und etwa 2 cm breit.
Den legst du zu Hause für etwa eine Minute in kochendes Wasser. Dann lässt du ihn abkühlen und an einem luftigen schattigen Platz einen Tag trocknen. Anschließend bringst du ihn mit Raspel, Feile und Schleifpapier in diese Form.

Die Spitze soll so breit sein, wie der Pfeilschaft vorne dick ist, und mindestens halb so dick. Mach sie nicht zu spitz, denn allzu spitz bricht leicht ab. Am dem Ende, das nachher in den Pfeilschaft eingesetzt wird, lässt du die Oberfläche schön rau, dann hält der Klebstoff besser.

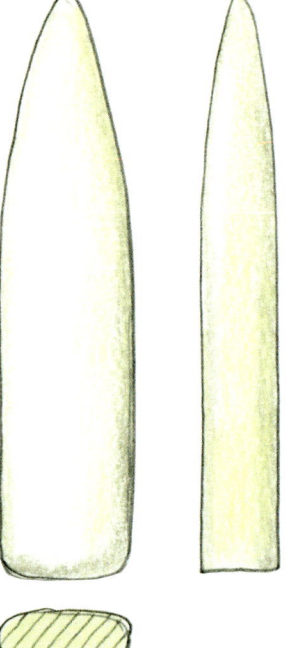

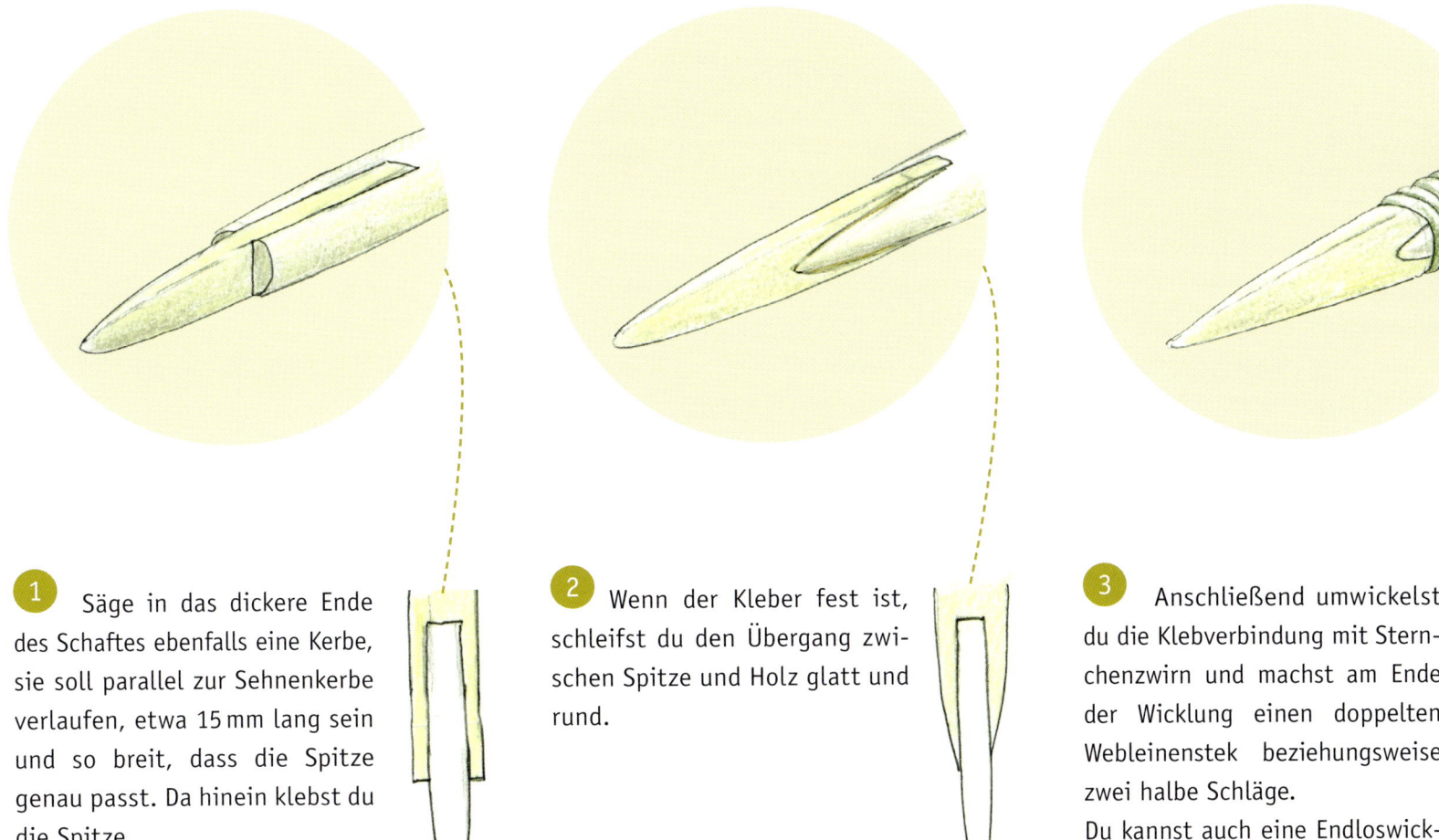

1 Säge in das dickere Ende des Schaftes ebenfalls eine Kerbe, sie soll parallel zur Sehnenkerbe verlaufen, etwa 15 mm lang sein und so breit, dass die Spitze genau passt. Da hinein klebst du die Spitze.

2 Wenn der Kleber fest ist, schleifst du den Übergang zwischen Spitze und Holz glatt und rund.

3 Anschließend umwickelst du die Klebverbindung mit Sternchenzwirn und machst am Ende der Wicklung einen doppelten Webleinenstek beziehungsweise zwei halbe Schläge.
Du kannst auch eine Endloswicklung versuchen wie der Takling beim Sehnenauge (s. Seite 115). Zum Schluss sicherst du die Wicklung mit etwas Klebstoff.

DIE FEDERN

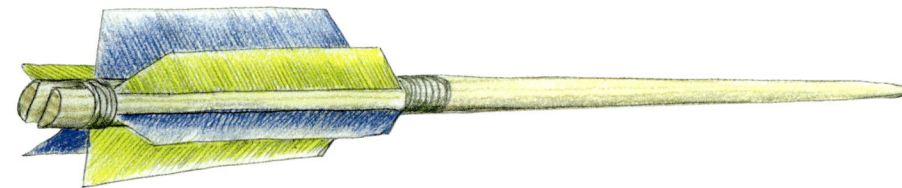

Nun kommt das Schwierigste – die Befiederung. Natürlich kannst du an deinen Pfeil auch eine „Faulenzer"-Befiederung anbringen wie oben beim einfachen Pfeil beschrieben. Aber seit Tausenden von Jahren werden Pfeile oft mit radial angesetzten Federn gebaut, weil sie besser fliegen.

Es gibt welche mit nur zwei Steuerfedern, aber auch mit vier und mehr. Solche Pfeile werden Fluflu genannt, sie wurden zur Vogeljagd verwendet.
Durch die vielen Federfahnen am Heck ist ihr Luftwiderstand sehr groß. Sie werden bald abgebremst, fliegen darum nicht so weit und können leicht wiedergefunden werden.
Wenn man jedoch nicht in die Höhe schießen will, sondern schnell und weit, dann sollten die Federn so klein sein, dass sie nicht unnötig bremsen, aber so groß, dass sie noch steuern können. Denn das ist die eigentliche Aufgabe der Federn – den Flug des Pfeils zu steuern.

Vielleicht hast du mal – wie wir früher – Schilfhalme wie einen Speer durch die Luft geworfen. Bei uns flogen immer die am besten, an denen oben das Büschel noch dran war. Wenn der Halm durch die Luft fliegt, bietet er ihr durch das Büschel am hinteren Ende einen größeren Widerstand als vorne. Dadurch wird der Halm auf einer Flugbahn gehalten und trudelt nicht.
Dieses Prinzip nutzen viele Flugkörper, sie haben ein Leitwerk am Heck. In der Physik gilt auch, dass ein Objekt besser geradeaus fliegt, wenn es sich um die eigene Längsachse dreht. (Das stimmt allerdings nur für Flugkörper ohne Tragflächen bzw. Flügel, sonst müssten sich ja Passagierflugzeuge auch drehen und allen Passagieren würde schlecht werden).
Bei einer Gewehrkugel sorgen Rillen im Gewehrlauf dafür, dass sich die Kugel im Flug dreht. Beim Pfeil bewirken das die Federn. Sie sind nämlich schräg auf den Schaft gesetzt. Beim Flug werden sie ganz leicht seitlich von der Luft angeströmt, dadurch dreht sich der Pfeil.

Und so werden wir unseren Pfeil befiedern:
Wir kleben drei Federfahnen radial und leicht schräg an das Heck unseres Schaftes.

Nicht alle Federn eignen sich für eine Radialbefiederung. Sie müssen einigermaßen stabil sein, und damit fallen schon mal eine ganze Menge Vögel als Lieferanten aus. Die meisten Federn, die man draußen beim Spazierengehen findet, sind eher nicht zu gebrauchen. Taube, Huhn, Ente, sogar Krähe und Bussard haben zu weiche Federn. Sie würden bremsen, nicht steuern.

Geeignet sind: Schwan, Gans, Pute. Schwäne und Wildgänse leben auf vielen Teichen, Seen und Flüssen. Ihre Federn kann man draußen in der Natur gut finden, wenn die Vögel ihr Federkleid wechseln, in der so genannten Mauser. Das ist im späten Frühjahr. Wenn ihr also im Sommer am Ufer oder Strand langgeht, habt ihr gute Chancen, Federn für ein paar Pfeile zu sammeln.

Puten und Hausgänse werden oft im Herbst geschlachtet, dann lohnt es sich, beim Bauern oder Nachbarn zu fragen. Wenn du kannst, frierst du die Federn anschließend in einem Gefrierbeutel für eine Woche in der Gefriertruhe oder im Gefrierfach ein. Dann haben Milben und Motten keine Chance.

Wer all diese Möglichkeiten nicht hat, kann Federn (im Internet) bestellen (siehe Händleradressen in Anhang). Du brauchst Federn, ganze Länge, für jeden Pfeil drei, davon zwei in einer Farbe und eine in einer anderen.
Für zehn Pfeile brauchst du also 20 gelbe und zehn blaue Federn (mehr dazu später). Kaufe lieber ein paar mehr, als Reserve, wenn mal was daneben geht.

KAPITEL 9 | DIE PFEILE

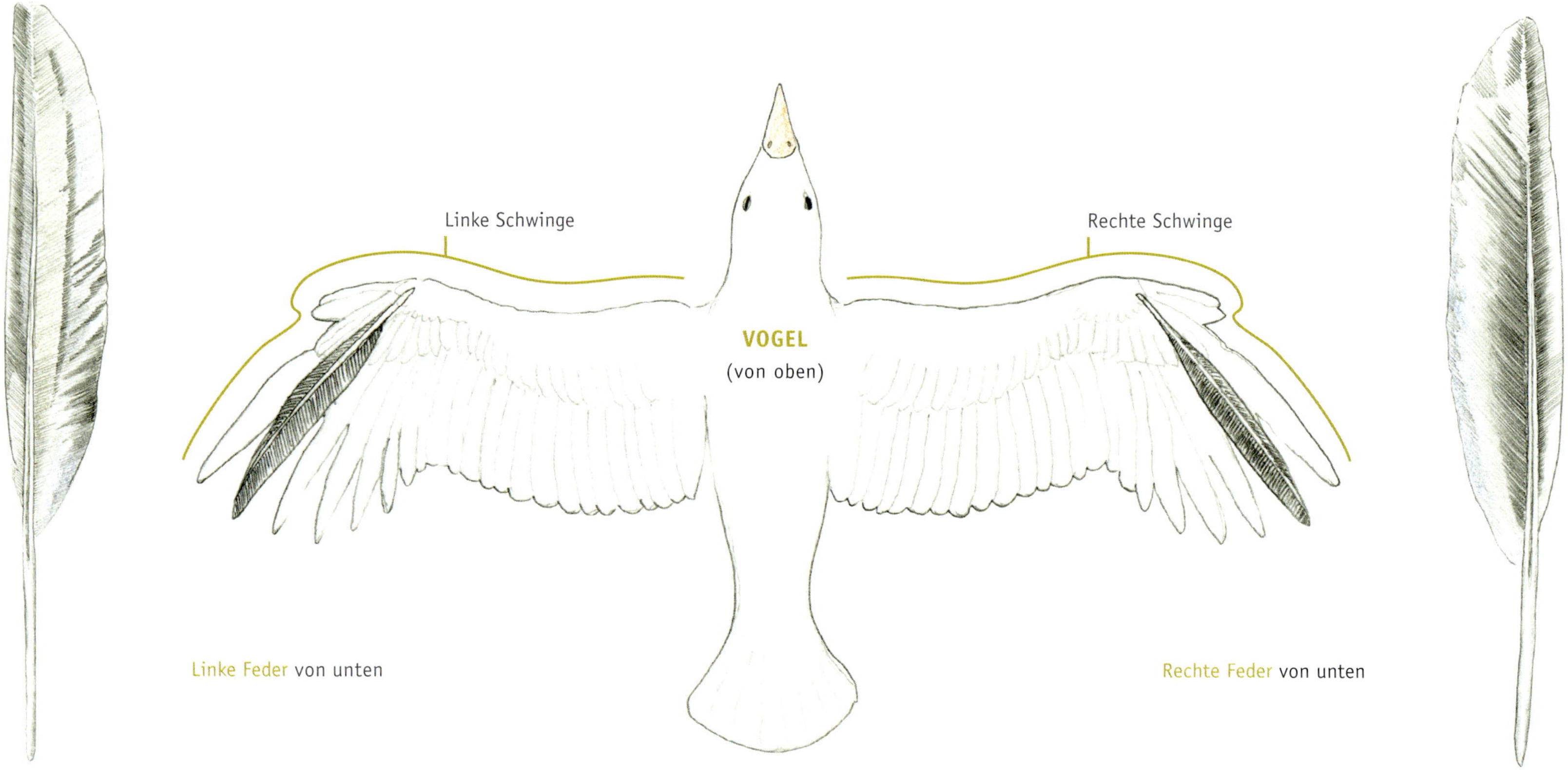

Linke Schwinge   Rechte Schwinge

VOGEL
(von oben)

Linke Feder von unten   Rechte Feder von unten

Wichtig: Die Federn müssen alle von einem Flügel stammen! Linke Federn sind andersherum gebogen als rechte.
Damit sie beim Pfeil durch die Schrägstellung eine Drehung um die eigene Achse bewirken, müssen sie natürlich gleich schräg stehen. Wenn sie unterschiedlich gebogen wären, würden sie ja bremsen.

Also: für einen Pfeil, am besten für einen ganzen Pfeilsatz nur Federn vom gleichen Flügel verwenden. Ob nur linke oder nur rechte, ist egal. Manche sagen, dass Linksschützen nur linke Federn verwenden sollen und Rechtsschützen nur rechte, aber das gehört in die Abteilung Märchen. Wir wollen froh sein, wenn wir ein paar schöne zueinander passende Federn organisieren können.

FAHNEN HERSTELLEN

Aus Naturfedern kannst du so die Fahnen machen: Zeichne auf das Holzbrett einen geraden Strich und trage darauf eine Strecke von 8 cm ab.

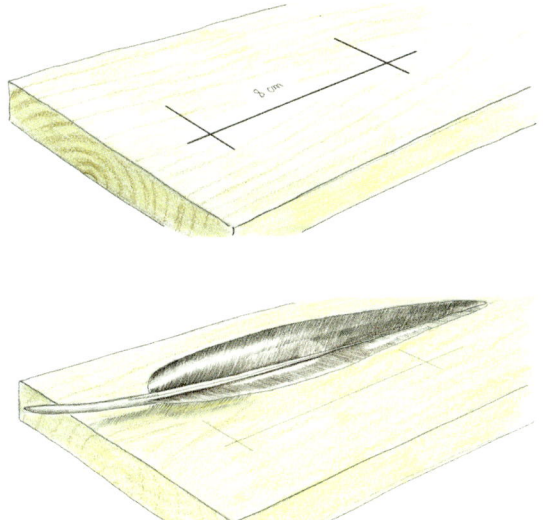

Lege die Feder auf das Holzbrett, mit der hohlen Wölbung nach oben.

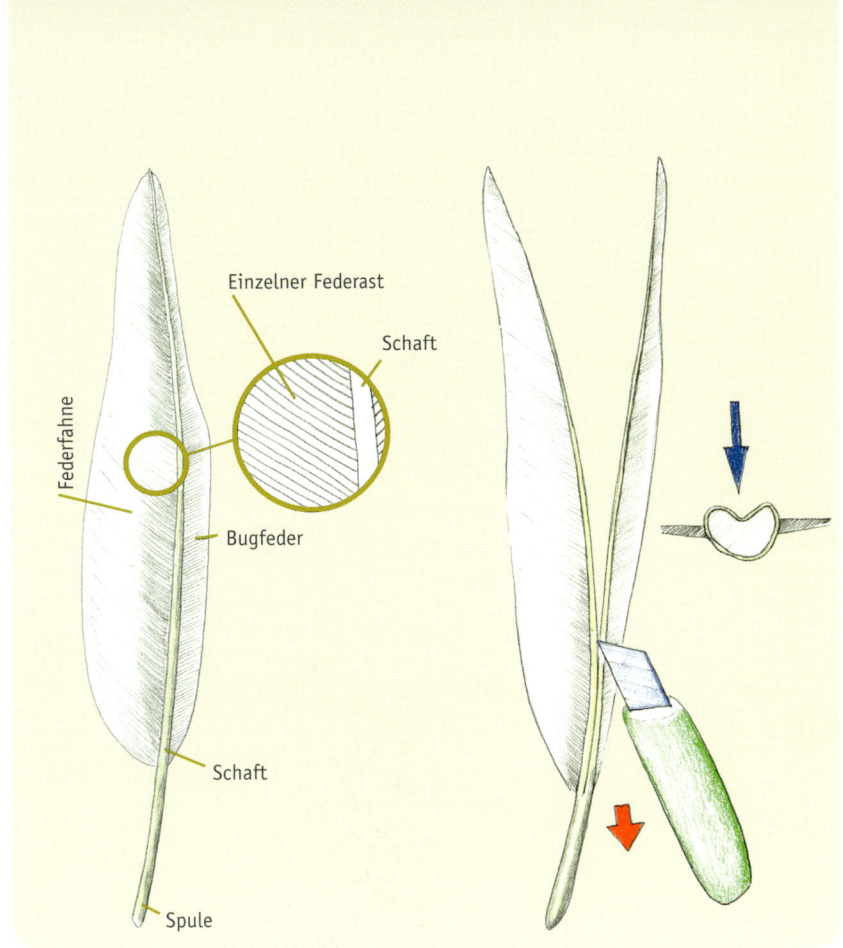

Der Schaft hat bei fast allen Federn auf dieser Seite eine Kerbe. Entlang dieser Kerbe schneidest du den Schaft längs auf, immer in der Mitte bleiben. Hierfür kannst du auch ausnahmsweise mal ein Teppichmesser benutzen, aber nur hierfür! Teppich- und Bastelmesser sind nicht zum Holzschnitzen geeignet.

Du fängst oben an der Feder an und arbeitest dich zur Spule hin. Die schmale Federfahne, die so genannte Bugfeder, brauchst du nicht, sondern die andere breite.

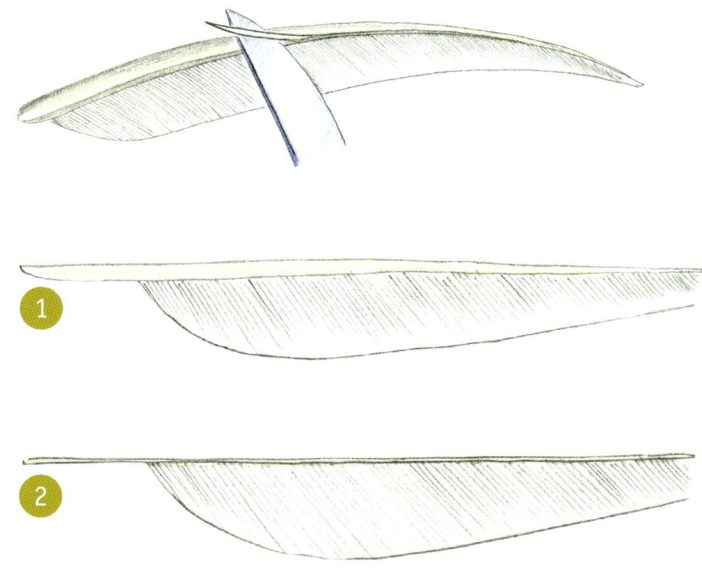

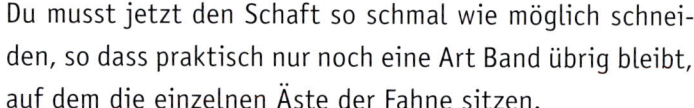

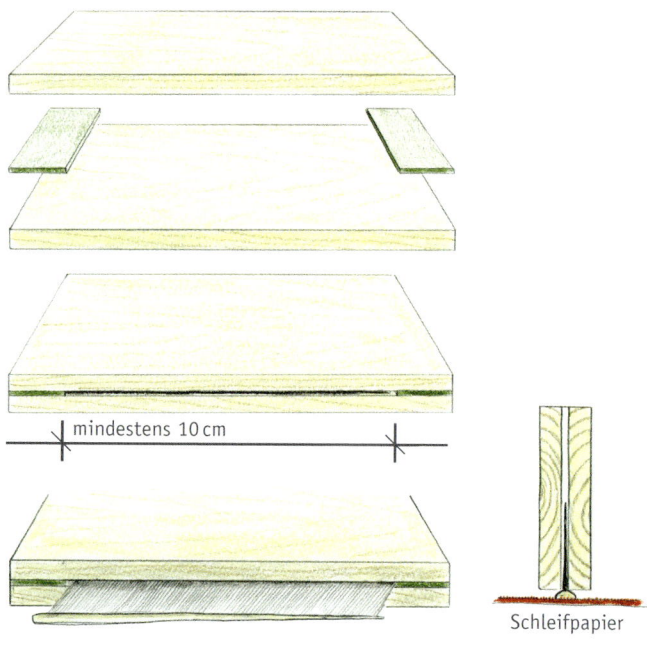

Du musst jetzt den Schaft so schmal wie möglich schneiden, so dass praktisch nur noch eine Art Band übrig bleibt, auf dem die einzelnen Äste der Fahne sitzen.

Schnitze dazu Spule und Schaft an der Seite vorsichtig ab. Immer von dir weg, niemals zu dir hin! Achte darauf, dass das Messer nicht zu tief in den Schaft einschneidet. Die weiße Substanz im Inneren des Schaftes, die aussieht wie Styropor®, schabst du mit dem Messer glatt.

Zum Schluss schleifst du den Schaft glatt. Du kannst den Schaft auch ohne Schnitzen dünn schleifen. Nimm zwei dünne, schmale Brettchen, klebe auf beiden Seiten wie auf der Skizze ein Stück Pappe dazwischen und klebe beide mit Klebeband zusammen.
Steck die Feder mit der Fahne in den Schlitz zwischen den Brettchen und schleife den halben Schaft auf einem Stück Schleifpapier dünn. Aber nicht so dünn, dass das „Band" labbrig wird.

Wenn das Band schön schmal und ausreichend dünn ist, legst du die Fahne an den Strich auf dem Holzbrett und schneidest sie an den Markierungen ab. ----------▷

Am vorderen Schaftende nimmst du die Äste auf einem Zentimeter Länge zwischen Daumen und Zeigefinger und reißt sie gegen die Schräge vom Band ab. ----------▷

Am hinteren Ende schneidest du vorsichtig auf 1 cm Länge die Äste vom Schaft ab. ----------▷

Zum Schluss schneidest du die Fahne in die Form auf der Skizze. Jetzt ist deine Steuerfeder fertig. ----------▷

KAPITEL 9 | DIE PFEILE   147

Cockfeder

Für jeden Pfeil brauchst du wie gesagt drei Stück, eine davon sollte eine andere Farbe haben, damit du sie immer erkennst.

Das wird die so genannte Cockfeder. Sie steht senkrecht zur Sehnenkerbe und zeigt, wenn der Pfeil auf dem Bogen liegt, immer vom Bogen weg (hier ist es die blaue).

Das dient dazu, dass nun keine Feder direkt am Bogen entlangstreichen muss, wenn der Pfeil abgeschossen wird. Dann wird er nicht so sehr abgelenkt, denn die beiden anderen Federn liegen nun schräg zur Bogenseite ober- und unterhalb von ihr.

Wenn du dunkle (Graugans) und helle (Schwan) Federn hast, dann gut. Wenn du nur weiße hast, kannst du eine davon einfärben. Das geht mit einem Fasermaler ganz gut, er sollte wasserfest sein. Du kannst auch Federn in Stofffarbe einlegen oder sogar in Beerensaft. Heidelbeeren, Holunderbeeren und schwarze Johannisbeeren geben einen sehr guten Färbebrei.

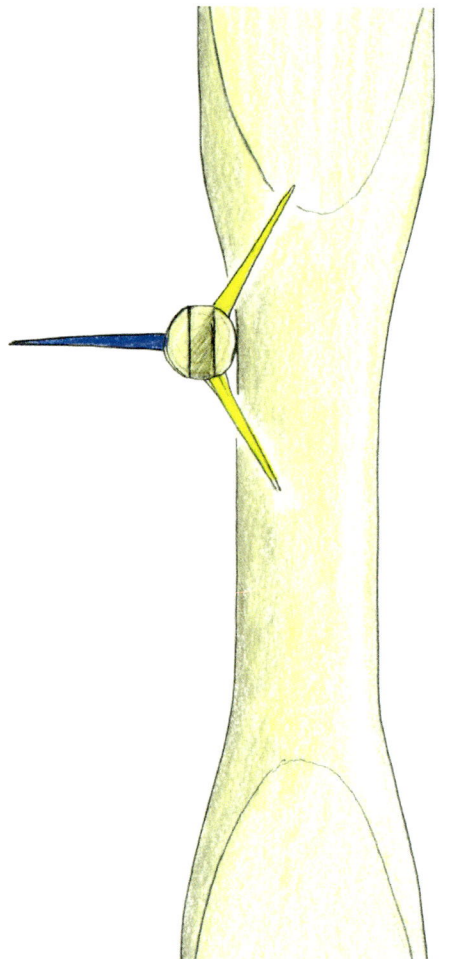

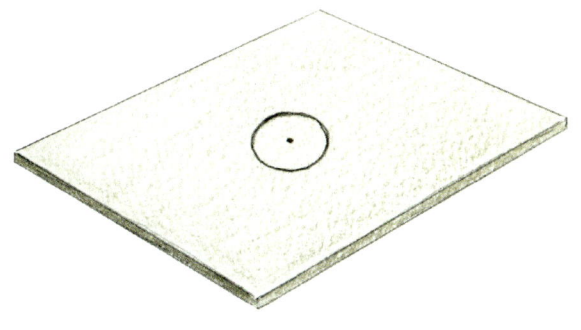 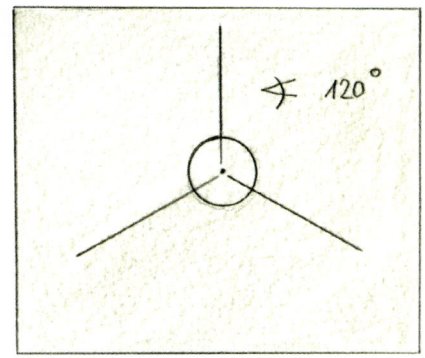 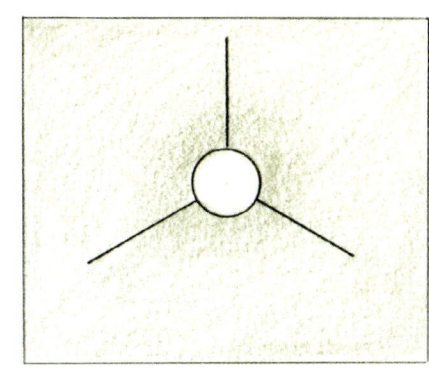

1 Nun kommen die Federn an den Pfeilschaft. Dazu brauchst du zuerst mal ein kleines Stück festen Karton. Mach einen Punkt in die Mitte und schlage mit dem Zirkel einen Kreis drum herum.
Der Kreisdurchmesser soll 9 – 10 mm betragen, auf jeden Fall muss er etwas größer sein als der Durchmesser deines Schaftes.

2 Den Kreis teilst du mit dem Geodreieck in drei gleich große Tortenstücke im Winkel von 120°. Ziehe die Trennstriche über den Kreisrand hinaus.

3 Schneide nun den Kreis in der Mitte aus.

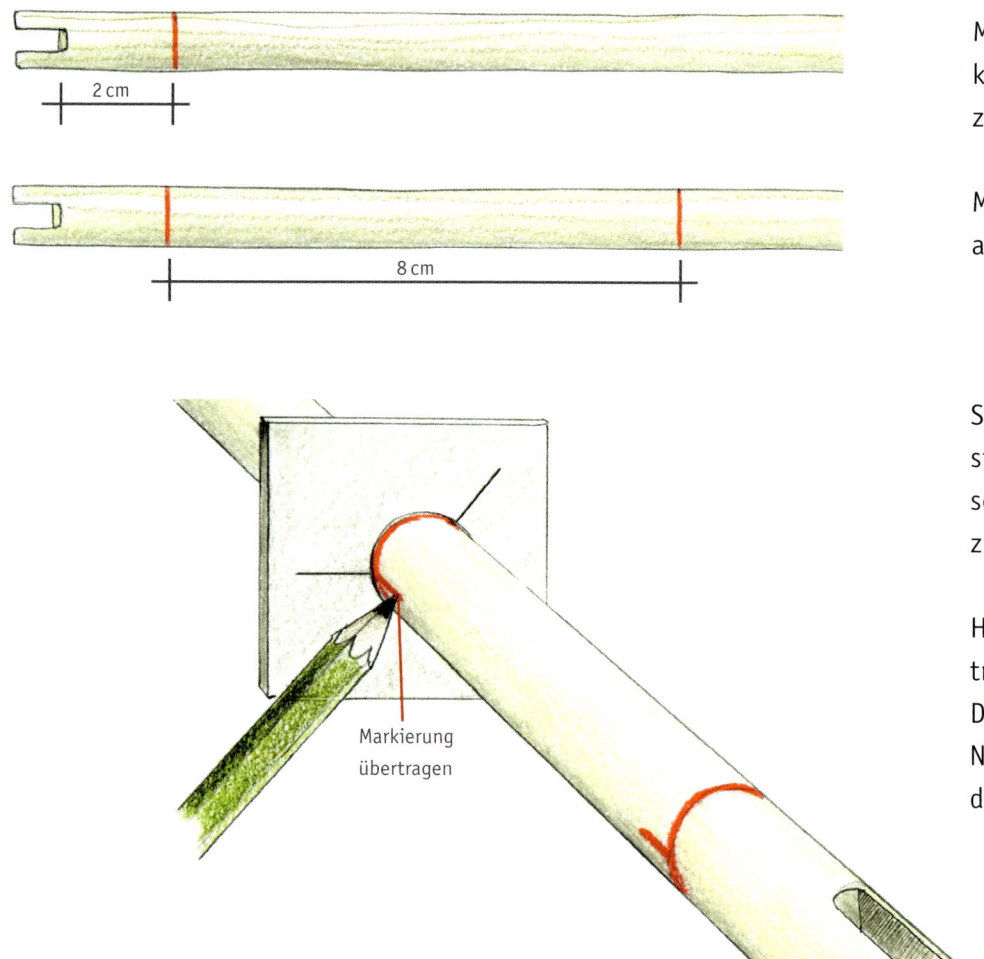

Mache etwa zwei Zentimeter vor der Sehnenkerbe eine Markierung mit dem Bleistift und ziehe einen Kreis um den Schaft.

Messe 8 cm von da aus nach vorn und zeichne auch hier eine Linie rund um den Schaft.

Stecke die Schablone auf den Schaft und halte sie an die vordere Linie. Drehe die Schablone soweit, dass einer der drei Striche senkrecht zur Sehnenkerbe steht.

Halte Pfeil und Schablone gut fest und übertrage die drei Striche auf den Schaft. Dasselbe machst du auch hinten am Ende. Nun verbindest du die drei vorderen und die drei hinteren Markierungen miteinander.

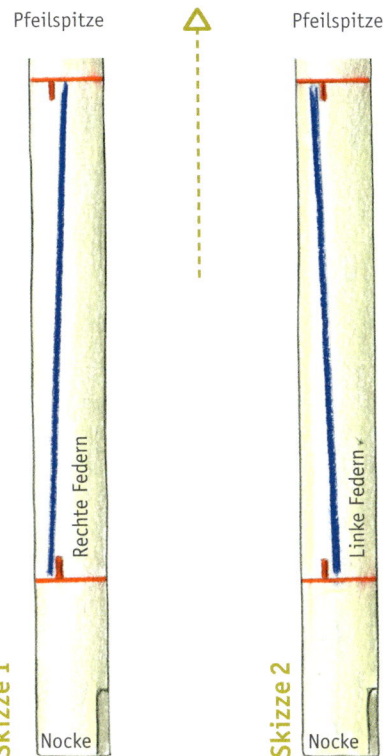
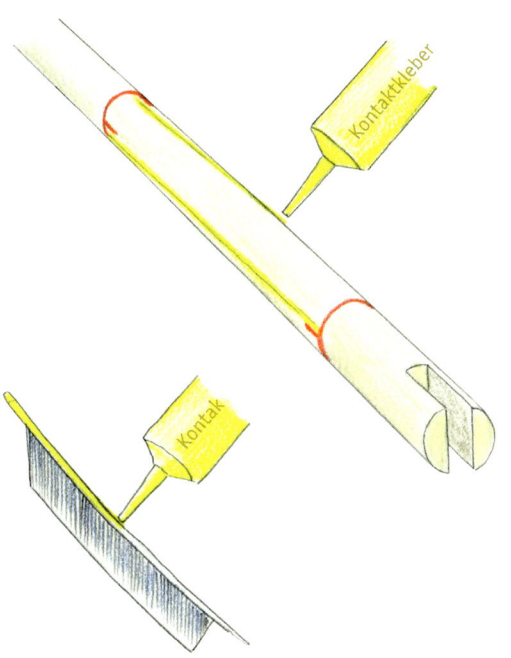

Wenn du rechte Federn verwendest, zeichnest du auf dem Schaft so an den Markierungen vorbei wie auf **Skizze 1**, wenn du linke Federn nimmst, wie auf **Skizze 2**.
Nun sollten die drei Striche leicht schräg und im gleichen Abstand zueinander auf dem Schaft zu sehen sein.

Die Federn klebst du mit dem Kontaktkleber, z. B. Pattex® auf. Dazu trägst du eine dünne Schicht Klebstoff auf die Bleistiftstriche am Schaft auf und bestreichst ebenso das Band der drei Federfahnen mit dem Klebstoff.

Dabei musst du sehr sauber arbeiten, achte darauf, dass der Kontaktkleber wirklich nur auf die Linien am Pfeilschaft und an die Federschäfte kommt, nicht an deine Hände. Sonst klebt nachher alles zu einem großen Klumpen zusammen. Lass den Kleber die vorgeschriebene Zeit trocknen.

KAPITEL 9 | DIE PFEILE

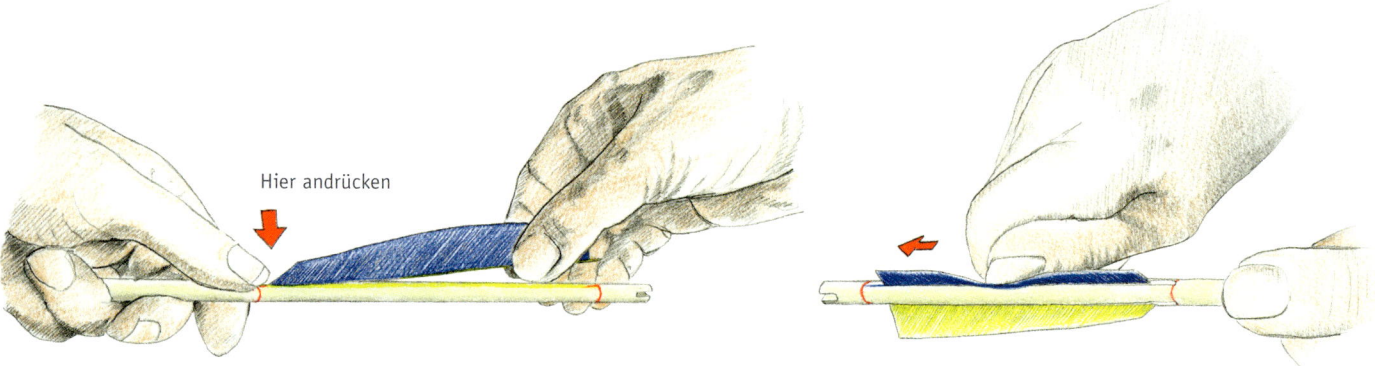

Hier andrücken

Beim Aufkleben der Fahnen musst du sorgfältig sein: Wenn die beiden Klebeflächen erstmal zusammengefügt sind, gibt es kein Zurück mehr.

Beginne mit der Cockfeder und klebe sie auf den Strich, der senkrecht zur Sehnenkerbe steht. Halte die Fahne mit dem vorderen Ende an das vordere Ende des Markierungsstriches auf dem Schaft und drücke sie leicht an.

Dann richtest Du die ganze Feder an dem Strich aus und drückst sie insgesamt leicht an, so dass sie nicht mehr verrutschen kann.
Wenn alle drei Federn in Position sind, drückst du sie fest an den Schaft. Am besten geht das mit dem Fingernagel.
Wenn die Federstrahlen dabei umgebogen werden, macht das nichts. Du darfst nur nicht so stark drücken, dass sie abreißen. Streiche mit dem Fingernagel unter festem Druck von vorn nach hinten über die Feder. Entscheidend ist nicht die Dauer des Drucks, sondern die Stärke.

Du kannst statt Kontaktkleber auch UHU® hart benutzen. Gib etwas Kleber an den Federschaft und positioniere die Fahne auf dem Bleistiftstrich am Schaft. Während der Kleber trocknet, solltest du den Federschaft mit ein paar Stecknadeln fixieren.

Alle drei Federn sollten jetzt in gleichem Abstand leicht schräg auf dem Pfeilschaft kleben. Vorn und hinten muss ein Stück des Federschaftes bzw. der Spule ohne Federstrahlen herausstehen.

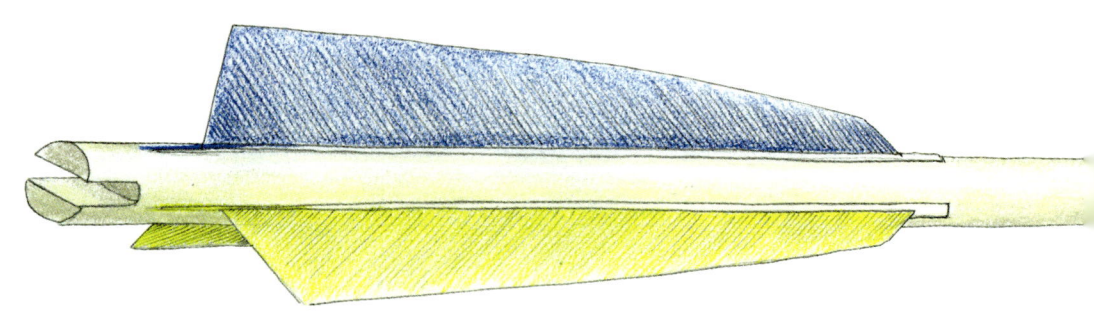

152 KAPITEL 9 | DIE PFEILE

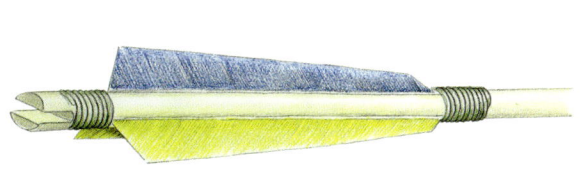  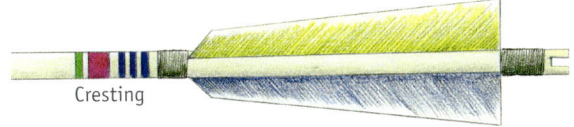

Diese überstehenden Teile versiehst du jetzt mit einer Wicklung Sternchenzwirn. Wickle wie auf Seite 133 beschrieben den Anfang mit ein und sichere das Ende entweder mit einem doppelten Webleinenstek bzw. vier halben Schlägen. Oder schließe die Wicklungen mit dem Takling (Seite 115) ab. Das sieht besser aus, und die Knoten des Webleinensteks sind beim Schießen nicht im Weg.

In diesem Fall beginnst du mit der Wicklung an der Befiederung und wickelst Richtung Pfeilspitze.

Sichere die Wicklung mit Holzleim oder UHU®. Dazu gibst du ein paar Tropfen Klebstoff oder Leim auf die Wicklung und verstreichst ihn rundherum mit den Fingern. Vor allem die vordere Wicklung ist sehr wichtig. Wenn die Federkiele vom Schaft abstehen, kannst du dich daran übel verletzen. Sie müssen vollständig vom Zwirn überdeckt sein.

Wenn die Federn nach dem Aufkleben und Wickeln verstrubbelt sind, kannst du sie ganz einfach wieder glätten. Setze einen Topf mit einem halben Liter Wasser auf den Herd und warte, bis es kocht. In den aufsteigenden Dampf hältst du das Heck des Pfeils mit den Federn ganz kurz hinein. **Aber nur in den Dampf, nicht in das Wasser!**

Danach kannst du die Federfahnen ganz leicht glatt streichen. Auch wenn später die Federn nach ein paar Schüssen unordentlich aussehen, kannst du sie so wieder richten.

Bevor du den Pfeil mit einer Schutzschicht überziehst wie den Bogen, kannst du auf dem Schaft deine Eigentumsmarken anbringen, man sagt auch **Cresting** dazu. Sie werden oft als farbige Ringe direkt unter dem Ansatz der Federfahnen aufgemalt. So kannst du deine Pfeile ganz einfach von anderen Pfeilen unterscheiden, die ansonsten gleich aussehen.

Außerdem kann man die Pfeile so als ersten, zweiten und dritten Pfeil kennzeichnen. Das ist auf manchen Turnieren wichtig, wo mehrere Pfeile auf ein Ziel geschossen werden und der erste mehr Punkte zählt als die anderen beiden. Du kannst diese Farbringe natürlich mit verschiedenen Edding® auftragen, aber schöner werden sie, wenn du richtigen Lack nimmst.

Male die Ringe sauber mit einem feinen Pinsel auf und lass dann alles gut trocknen, mindestens einen Tag. Danach reibst du mit einem Tuch den ganzen Pfeil mehrfach dünn mit Melkfett ein. Auch die Federn kannst du einmal mit dem Lappen abwischen.

Jetzt ist dein Pfeil fertig. Zusammen mit dem Bogen hast du nun alles, was du zum Schiessen brauchst. Wirklich alles? Nein, ein paar Dinge fehlen noch...

10
Das Zubehör

Hier beschäftigen wir uns mit dem, was man noch alles zum Schießen braucht außer Pfeil und Bogen.

Wenn du ein paarmal nacheinander deinem Bogen gespannt hast, tun dir wahrscheinlich die Fingerspitzen der Zughand weh. Dagegen hilft ein so genanntes **Tab**. Das schützt die Fingerspitzen vor dem Druck der Sehne, wenn man länger schießt.

Wenn du dann ein paar Pfeile abgeschossen hast, wirst du merken, dass die Sehne öfter mal gegen deinen linken Unterarm knallt, nachdem der Pfeil den Bogen verlassen hat. Davor schützt ein **Armschutz**.

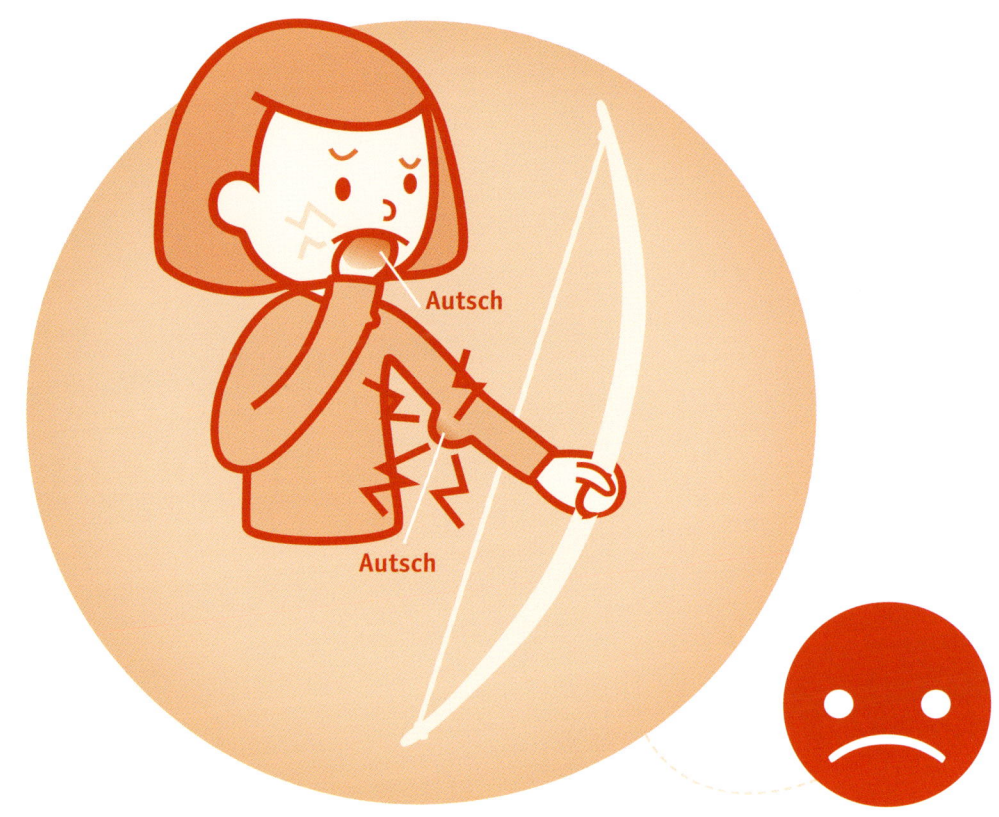

Und natürlich brauchst du etwas zum Aufbewahren deiner Pfeile. Dazu machst du dir einen **Köcher** oder eine **Pfeiltasche**.

Am besten nimmst du Ziegenfell. Es sollte schön dünn und weich sein.
Die Haare auf dem Fellstück sollen gern in eine Richtung zeigen. Du bekommst es im Bastelbedarf, im Lederladen, beim Schneider, Ziegenbauern oder auf dem Flohmarkt. Dort erhältst du auch das Leder.

KAPITEL 10 | DAS ZUBEHÖR

Das Tab

Du brauchst:

- ✓ 1 Stück **glattes Fell** ca. 15 x 15 cm
- ✓ 1 gleich großes Stück **dünnes, weiches Leder**
- ✓ **Kontaktkleber**
- ✓ **Hammer**
- ✓ **Holzbrett**
- ✓ **Schere**
- ✓ **scharfes Messer**
- ✓ **Bleistift**

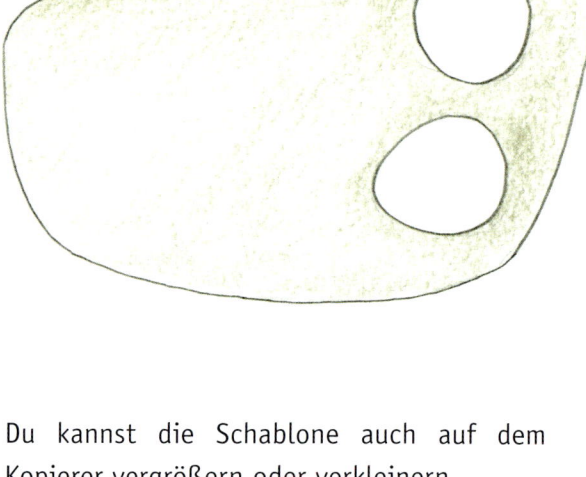

Kopiere die Umrisse des Tabs aus dem Buch auf ein Blatt Papier und schneide es aus. Versuche, ob du mit den Fingern wie auf der Zeichnung dargestellt in die Fingerlöcher kommst. Das Tab wird bis über die Mittelknöchel der Finger geschoben.

Die vordere Kante des Tabs sollte ein kleines Stück vor den Fingerspitzen liegen. Wenn das Tab nicht passt, zeichnest du ein neues aufs Papier, das passen könnte.

Du kannst die Schablone auch auf dem Kopierer vergrößern oder verkleinern. Probiere so lange aus, bis das Tab wirklich gut sitzt. Schneide es aus und prüfe, ob es besser passt.

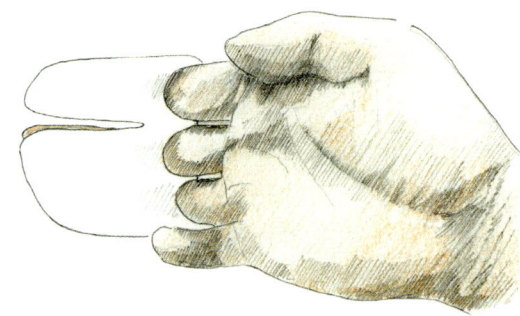

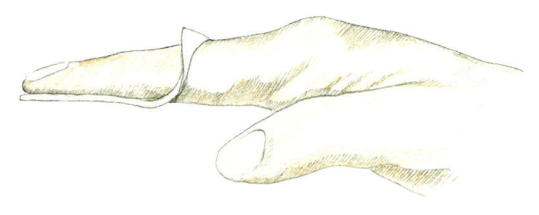

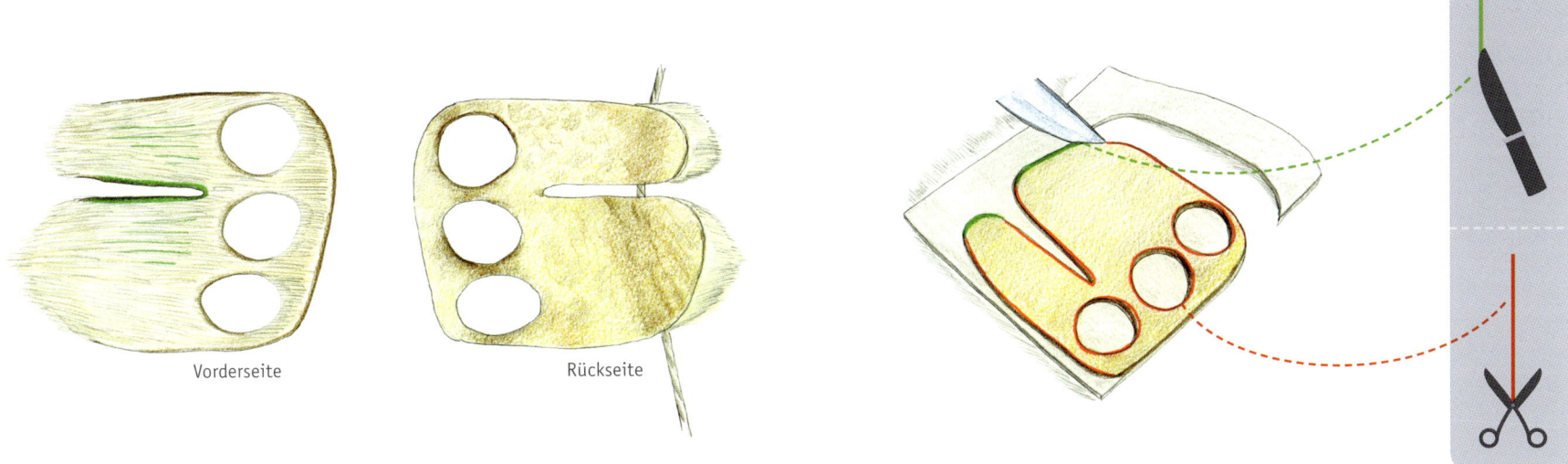

Vorderseite Rückseite

Dann überträgst du die Umrisse **spiegelverkehrt** auf das Lederstück, und zwar auf die glatte Seite.

Bestreiche das Fellstück auf der Hautseite dünn mit Kontaktkleber, das Lederstück auf der rauen Seite. Lass beides 5 Minuten trocknen und halte dann das Lederstück so über das Fellstück, dass der Schlitz im Tab in dieselbe Richtung zeigt wie die Haare auf dem Fell. Die Klebflächen dürfen dabei nicht zusammenkommen! Wenn du das Lederstück über dem Fell ausgerichtet hast, kannst du es aufkleben.

Drücke es gleichmäßig auf und lege dann die zusammengeklebten Teile auf das Holzbrett. Schlage mit der stumpfen Seite des Hammers auf die ganze Fläche, nicht zu stark, aber auch nicht zu zögerlich. Durch den Druck werden Fell und Leder verklebt. Lass den Kleber 10 Minuten trocknen.

Dann schneidest du das Tab aus, aber nicht alle Schnitte werden mit der Schere gemacht. An der vorderen Kante sollen die Haare stehen bleiben, damit die Sehne schön darübergleiten kann.

Deswegen schneidest du in diesem Bereich mit einem scharfen Messer, **aber nicht auf einem Brett, sondern in der Luft.**

Am besten geht das zu zweit: Einer hält das Tab, der andere schneidet und zieht dabei das Teil, das abgeschnitten werden soll, vom Tab weg. Die rot markierten Schnitte werden mit der Schere gemacht, die grün gezeichneten mit dem Messer. Vorsichtig schneiden, achtet auf eure Finger.

Linksschützen schneiden die Skizze aus und legen sie so auf das Leder, nicht spiegelverkehrt.

KAPITEL 10 | DAS ZUBEHÖR

Der Armschutz

Einen einfachen Armschutz kannst du dir folgendermaßen herstellen. Du brauchst:

- Ein Stück **dickes**, **stabiles Leder**, ca. 5 x 12 cm,
- **Gummilitze** 1 cm breit
- oder **Lederband** 50 – 60 cm lang
- **Lochzange**

Leder und Lederband bekommst du im Leder- oder Bastelladen, Gummilitze im Kaufhaus oder Nähladen (Kurzwarengeschäft), eine Lochzange gibt's im Baumarkt oder Bastel/Lederladen.

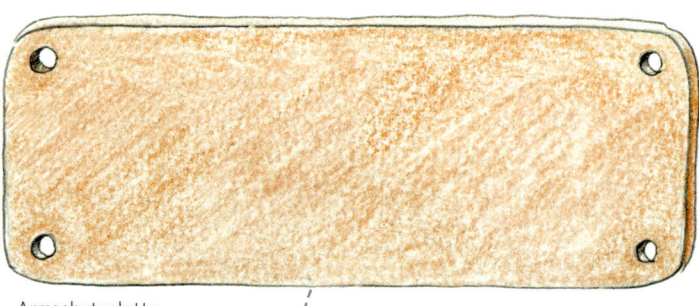

Armschutzplatte

Schon die Bogenschützen der Steinzeit hatten offenbar Probleme damit, dass ihnen die Sehne auf den linken Arm schlug.
In vielen urgeschichtlichen Gräbern sind Armschutze gefunden worden, die meistens aus dünnen Steinplatten bestehen. Oft sind diese Platten gelocht.

Wenn du Lust hast, kannst du dir auch solch eine Armschutzplatte machen.
Besorge Dir ein entsprechendes Plättchen aus Stein, Knochen, Geweih, Horn oder etwas, das dir gut gefällt. Bohre Löcher in alle vier Ecken wie auf der Skizze, 3 – 4 mm vom Rand entfernt. Ziehe dünne Lederriemen durch die Löcher und binde dir die Platte an den linken Unterarm.

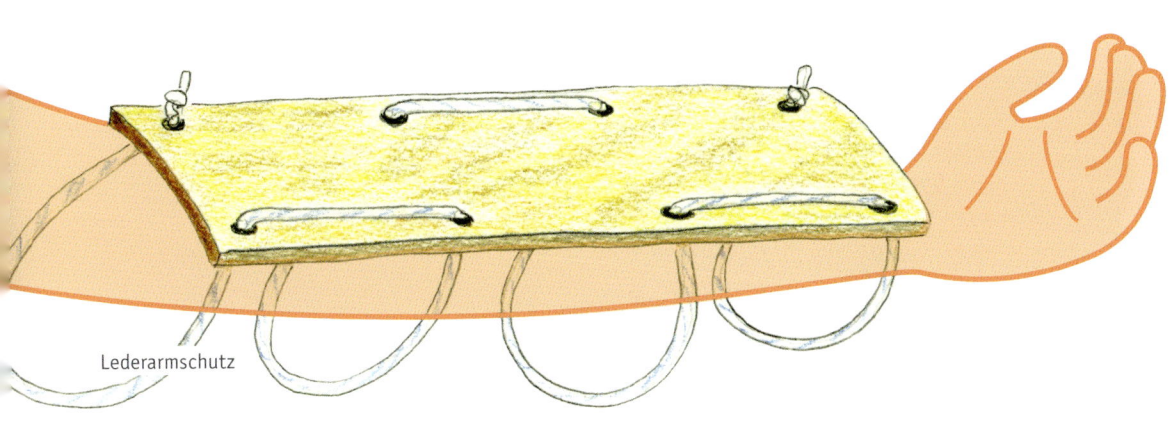
Lederarmschutz

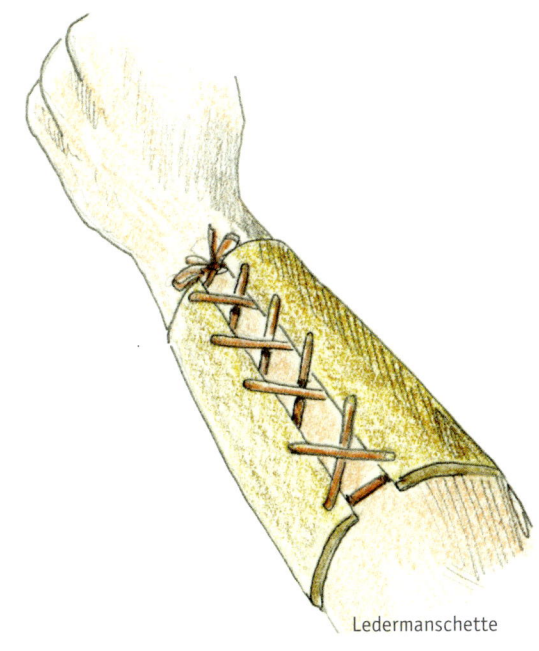
Ledermanschette

Für den Lederarmschutz schneide dir ein Stück Leder passend zu deinem Unterarm. Du stanzt du mit der Lochzange vier Löcher in die langen Kanten des Lederstücks, etwa 3 mm vom Rand entfernt und im gleichen Abstand. Dann machst du in ein Stück Litze am Ende einen Knoten und ziehst es durch alle Löcher wie auf der Skizze. Zieh die Litze so stramm, dass sie ohne Kneifen an deinem Unterarm anliegt, aber so locker, dass du mit der Hand hindurchpasst. Dann machst du in das andere Ende einen Knoten und schneidest den Rest ab.

Du kannst das Lederstück auch so breit ausschneiden, dass es ganz um deinen Unterarm passt. Dann lochst du es und ziehst das Lederband wie ein Schnürsenkel durch die Löcher.

KAPITEL 10 | DAS ZUBEHÖR

Der Köcher

Du brauchst:

- 1 Stück stabiles, nicht zu hartes **Leder**, 20 cm breit und so lang wie deine Pfeile von der Spitze bis zum Anfang der Befiederung
- 1 **Lederriemen**, 3 cm breit, mindestens 1,20 m lang
- **Lederschnur**, möglichst lang oder **dicke Paketschnur**
- **Lochzange**
- **Wäscheklammern**
- **Bleistift**

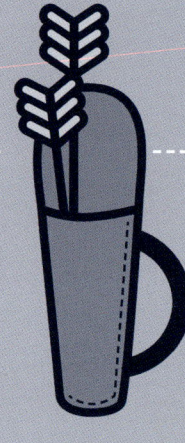

Leder und Lederschnur gibt's im Leder- oder Bastelladen, die Lochzange bekommst du auch dort oder im Baumarkt.

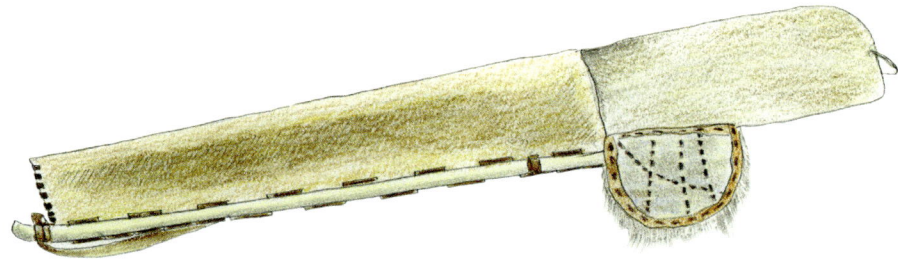

Archäologen haben bisher nur sehr wenige Überreste von Köchern gefunden. Der am besten erhaltene ist wohl der Köcher des Ötzi. Er war sehr kompliziert konstruiert, mit einem Verstärkungsstab an der Seite und einem Klappenverschluss an der Mündung. Wir wollen uns mit einem einfacheren Seitenköcher begnügen.

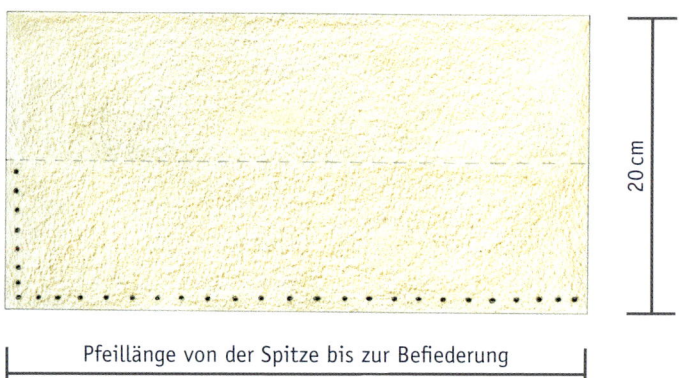

Zeichne auf der einen langen Kante des Lederstücks Löcher an, mindestens 4 mm von der Kante entfernt und in gleichmäßigen Abständen von 2 cm.

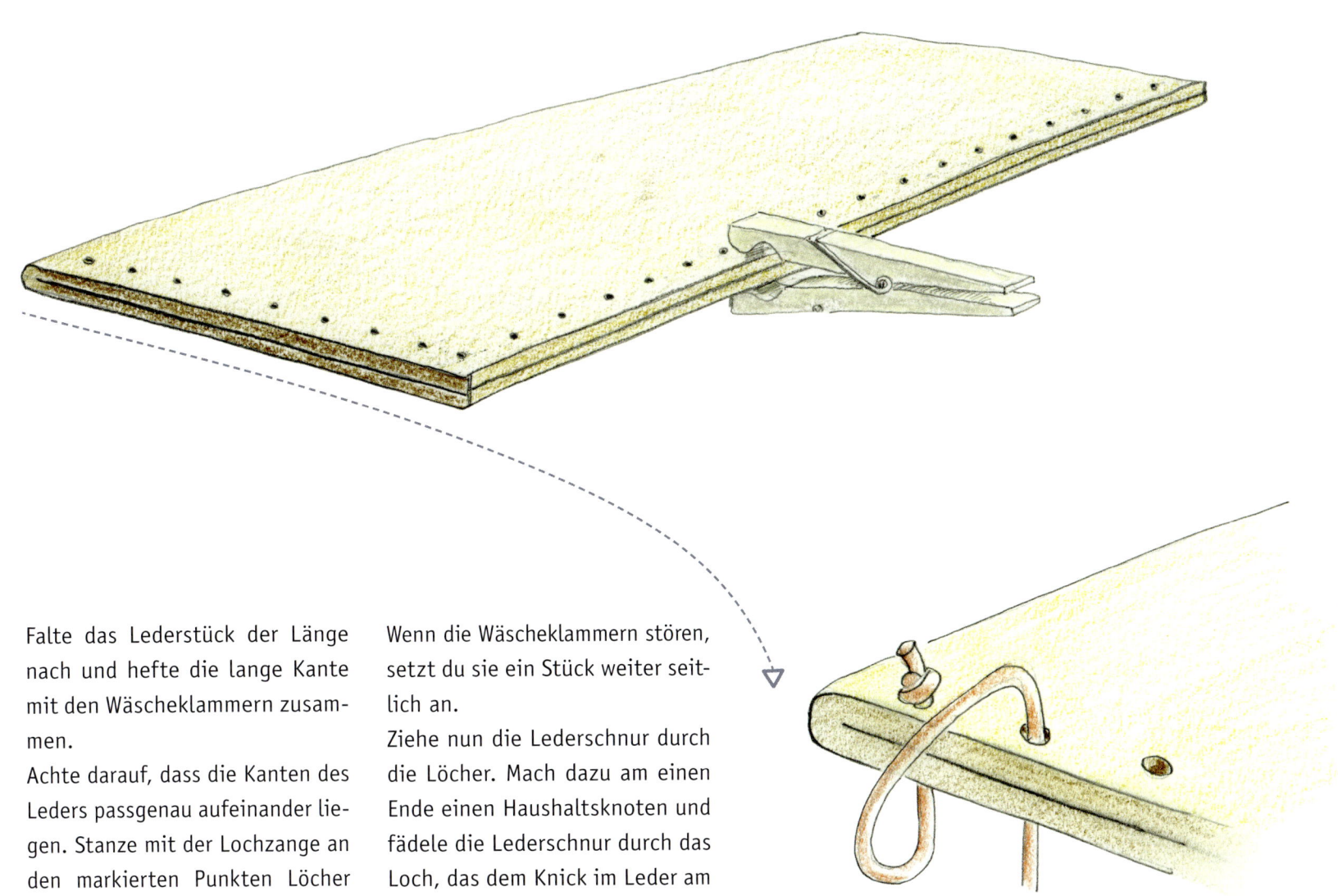

Falte das Lederstück der Länge nach und hefte die lange Kante mit den Wäscheklammern zusammen.
Achte darauf, dass die Kanten des Leders passgenau aufeinander liegen. Stanze mit der Lochzange an den markierten Punkten Löcher durch beide Lederschichten.

Wenn die Wäscheklammern stören, setzt du sie ein Stück weiter seitlich an.
Ziehe nun die Lederschnur durch die Löcher. Mach dazu am einen Ende einen Haushaltsknoten und fädele die Lederschnur durch das Loch, das dem Knick im Leder am nächsten ist.

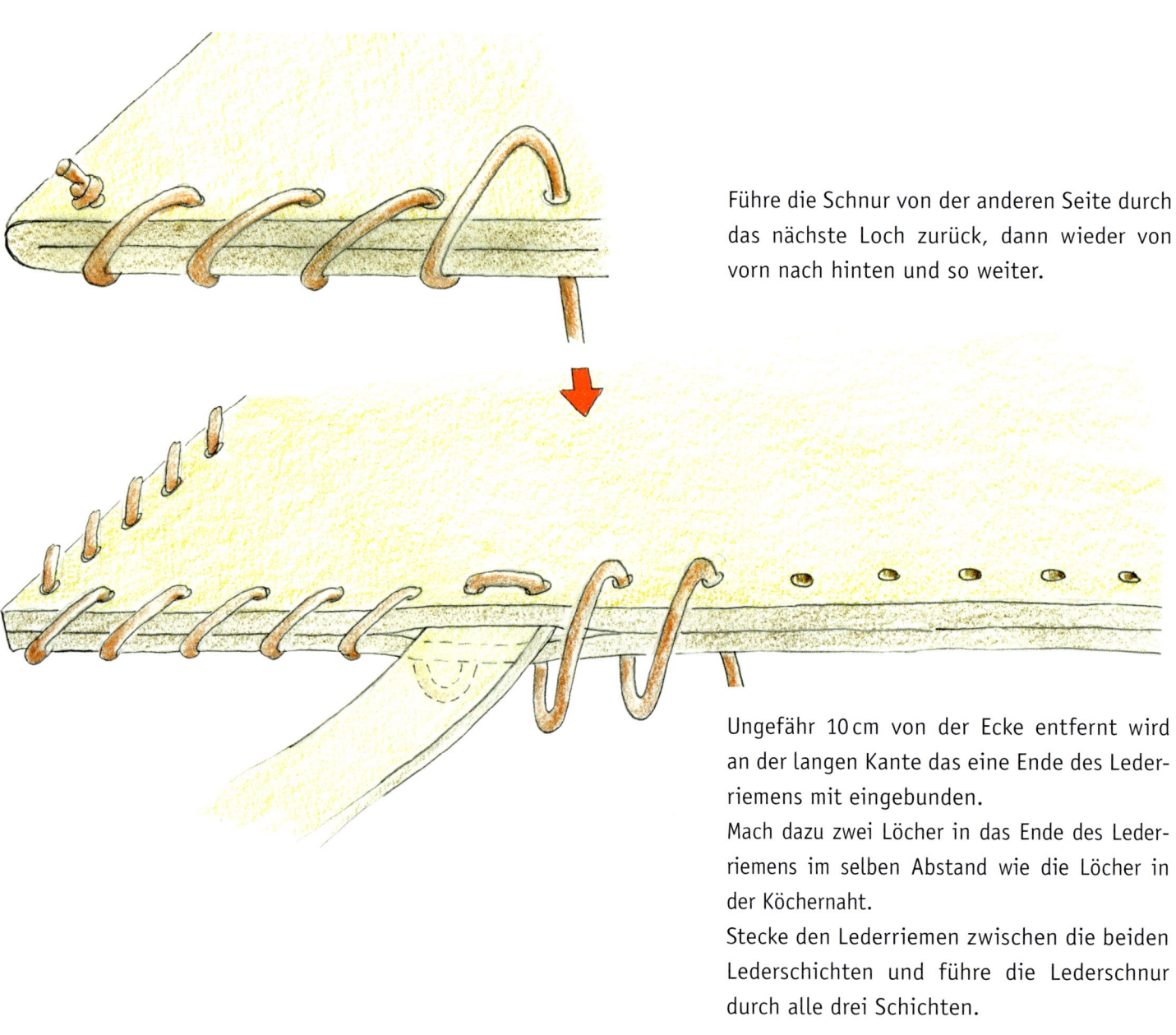

Führe die Schnur von der anderen Seite durch das nächste Loch zurück, dann wieder von vorn nach hinten und so weiter.

Ungefähr 10 cm von der Ecke entfernt wird an der langen Kante das eine Ende des Lederriemens mit eingebunden.

Mach dazu zwei Löcher in das Ende des Lederriemens im selben Abstand wie die Löcher in der Köchernaht.

Stecke den Lederriemen zwischen die beiden Lederschichten und führe die Lederschnur durch alle drei Schichten.

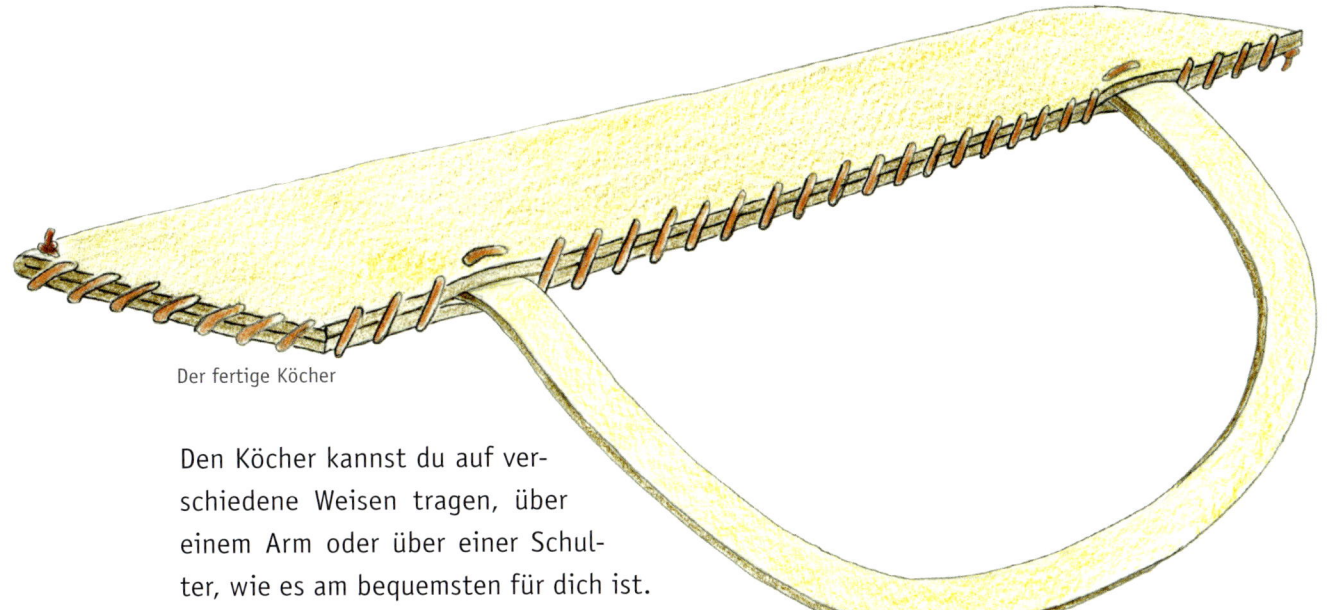

Der fertige Köcher

Den Köcher kannst du auf verschiedene Weisen tragen, über einem Arm oder über einer Schulter, wie es am bequemsten für dich ist. Probiere es aus und halte dabei das lose Ende des Lederriemens an das obere Ende des Köchers, etwa 10 cm vom Ende der Naht entfernt.

Achte darauf, dass der Riemen nicht verdreht ist und markiere die benötigte Länge mit einem Strich auf dem Leder. Gib 2 Zentimeter hinzu. Dann schneidest du den Riemen hier ab, machst zwei Löcher hinein und nähst ihn mit in die Seitennaht ein wie oben beschrieben. Wenn du oben am Ende angekommen bist, machst du wieder einen Knoten.

Der Köcher ist fertig.

Wenn du willst, kannst du dir noch eine Quaste aus vielen kurzen Wollfäden herstellen und an den Köcher dranbinden. Damit wischst du die Pfeilspitzen sauber, wenn sie in der Erde stecken geblieben sind.

Natürlich kannst du die Pfeile auch mit der linken Hand am Bogen halten, wie es dieses steinzeitliche Felsbild aus Spanien zeigt. Dann brauchst du keinen Köcher.

Quaste

KAPITEL 10 | DAS ZUBEHÖR

---- 11 ----

Das Schießen

Wie man richtig schießt und warum doch alle unterschiedlich schießen. Wie man Ärger vermeidet und warum es auch beim Bogenschießen zehn Gebote gibt.

Jetzt hast du deine Ausrüstung zusammen. Ein großes Lob für deine Ausdauer! Ich hoffe, alles ist so geworden wie du es dir vorgestellt hast. Am besten findest du es heraus, wenn du mit deinem Bogen schießt.

Ich will aber vorher noch die Geschichte von „Harald Lauthals" erzählen: Bisher war das Bogenturnier super gewesen. In unserer Gruppe waren wir zu fünft und hatten jede Menge Spaß. Die Scheiben waren schön gestellt. Das Wetter zeigte sich von seiner besten Seite. Wir wanderten den ganzen Tag durch dichten Wald und grüne Wiesen, schossen gute Punkte und fühlten uns sauwohl. Der Abend war mild und der Himmel sternenklar. Irgendjemand spielte Gitarre am Lagerfeuer, ein anderer hatte lecker Bier mitgebracht.

Wir hielten uns beim Trinken aber zurück und gingen zeitig ins Bett, um in der Frühe fit zu sein und einen klaren Kopf zu haben. Wir freuten uns auf einen herrlichen Tag mit guter Laune und schönen Schüssen.

Am nächsten Morgen hatten wir einen Neuen in unserer Gruppe. Harald war eben erst angekommen. Trug einen Hörnerhelm, eine alte Fellweste, eine schwarze Schnür-Disco-Lederhose und Springerstiefel. „Moin! Ich bin „Harald Raustolz". Ein Krieger aus dem hohen Norden. Ich schieß bei Euch mit. Was dagegen?" Sprach's und zog einen wunderschönen Wikingerbogen aus seinem Auto. Hängte seinen Köcher um und knallte die Wagentür zu.

„Auf denn, Ihr Herren, so lasset uns ein für allemal ausmachen, wer der Beste von uns sey!"

Wir sahen uns an. So wie Harald redete, kam er ganz sicher nicht aus dem Norden. Und die Sprache sollte wohl mittelalterlich sein. Mittelhochdeutsch klingt aber ganz anders. Nun gut – wir waren nur zu fünft in der Gruppe, und irgendwo musste er ja mitschießen dürfen.

In den folgenden Stunden ging er uns mit seinem Kriegergehabe mächtig auf die Nerven. Und schoss einer von uns daneben, machte er „Hää hää!" wie Nelson bei den Simpsons.
Schoss er selber daneben, ärgerte er sich fürchterlich. Schimpfte aufs Material, auf die schwierigen Scheiben, das Wetter und alles und jedes. Viele Punkte schoss er nicht. Als er das erste Mal traf, rannte er sofort zur Scheibe, um den Treffer zu begutachten.

Ich hatte schon einen Pfeil aufgelegt und wollte schießen. Nun musste ich wegen Harald warten und ärgerte mich.
Richtige Bogenschützen laufen erst dann zur Scheibe, wenn alle anderen ihre Pfeile auch verschossen haben. Sonst wird es gefährlich. Das sagten wir ihm. Nun war er beleidigt und ging nur noch selten mit zur Scheibe. Er half auch nicht Pfeile suchen, wenn jemand daneben geschossen hatte.

In der Mittagspause verschwand er im Getränkezelt und kam mit einer mächtigen Alkoholfahne wieder heraus. Wo hatte der eigentlich diesen schönen Bogen her?
Ich fragte ihn. Er wich aus: „Jaa, wir im Norden können so was eben!" Ich war mir aber sicher, dass er diesen Bogen nicht selbst gebaut hatte. Dort, wo der Bogenbauer sein Zeichen in einen Bogen schnitzt, den er gebaut hat, war der Lack ab und das Holz abgefeilt. Ging mich nichts an... Was für ein Angeber!

Am Nachmittag wurde Harald „Raustolz" beim Punktezählen kleinlich. Als gerade niemand hinsah, bog er einen seiner Pfeile zur Seite, damit der den nächsten Ring noch ankratzte. Das gab ja einen Punkt mehr. Ich hatte ihn aus dem Augenwinkel beobachtet. Wenn jemand Betrug nötig hat... Mit seiner Punktzahl würde er sowieso im hinteren Drittel landen. Das wurde Harald auch langsam klar. Vor lauter Frust trank er noch mehr Bier. Torkelte übers Turniergelände und schoss wahllos auf irgendwelche Scheiben. Ohne sich darum zu kümmern, ob noch andere Leute beim Schießen waren. Da reichte es uns.

Wir stellten ihn zur Rede. Wollten wissen, warum er sich hier aufführte wie ein Vollidiot. „Weil ich ein großer Krieger bin! Und ihr alle nur Pfeifendeckel. Ich zeig Euch mal, wie man Bogen schießt!" Er legte einen Pfeil auf die Sehne und schoss ihn senkrecht in die Luft.

Noch bevor der Pfeil wieder unten war, hatten wir Harald gepackt und schoben ihn sanft, aber bestimmt zum Ausgang. Als wir an seinem Auto ankamen, lachten wir laut los. Sein Hochschuss-Pfeil hätte uns allen gefährlich werden können, hatte aber zum Glück keinen großen Schaden angerichtet. Er war – oh herrliches Wunder! – zum Parkplatz geflogen und steckte im Dach von Haralds Wagen.

Das geschah ihm recht. Jemand kletterte hinauf und zog den Pfeil heraus. Er zerbrach ihn in der Mitte, drückte die beiden Hälften Harald in die Hand und sagte: „Harald Lauthals oder wie du heißt: Tschüß!!"
Der Sonntag wurde dann doch noch sehr nett. Harald aus dem hohen Norden wurde nie wieder auf diesem Turnier gesehen.

Die Geschichte ist natürlich so nicht passiert, aber Typen wie Harald habe ich schon auf Wettbewerben getroffen. Sie können dir nicht nur die gute Laune verderben, sie bringen auch sich und andere in große Gefahr.

Ich habe alle diese „Haralds" in die kleine Erzählung eingebaut, damit du weißt, wie man es **NICHT** machen sollte.

Ich will dir damit nicht gleich den Spaß nehmen, indem ich eine Moralpredigt halte oder jemanden lächerlich mache. „Harald" wollte bestimmt auch nur Spaß haben, aber er konnte sich nicht benehmen.

Bogenschützen tragen eine Waffe mit sich herum.
Wenn man mit dieser Waffe Sport betreiben will, dann muss man alles vermeiden, was Menschen oder Dinge schädigen könnte. Wenn man sich nicht daran hält, hat man sehr bald Ärger am Hals.

Deswegen sollst du diese zehn Grundregeln jederzeit beachten.
Wenn du diese

10 goldenen Regeln

beherzigst, dann wirst du nicht mehr viel falsch machen.

1. GEBOT
Wenn du einen Pfeil auf die Sehne legst, dann zeigt er auf das Ziel, nirgendwo anders hin.

2. GEBOT
Schieße niemals auf Mensch oder Tier.

6. GEBOT
Schieße niemals senkrecht in die Luft.

7. GEBOT
Laufe nie zum Ziel, bevor alle anderen Schützen alle ihre Pfeile abgeschossen haben.

3. GEBOT

Schieße nur, wenn du einen klaren Kopf hast und dich gut fühlst.

4. GEBOT

Mache Weitschüsse nur da, wo du einen Raum von mind. 200 m Länge und Breite voll einsehen kannst.

5. GEBOT

Schieße niemals in der Nähe von Spazierwegen, Hecken oder Bäumen, Häusern, Straßen oder gar Spielplätzen.

8. GEBOT

Kontrolliere nach jedem Schießen deine gesamte Ausrüstung auf Beschädigungen.

9. GEBOT

Wenn du draußen schießt, nimm nichts mit außer der Erinnerung und lass nichts da außer deinen Fußspuren.

10. GEBOT

Verhalte dich auf Turnieren fair, ehrlich und hilfsbereit. Hilf anderen, sich an diese Regeln zu halten.

UND NUN KANNST DU SCHIESSEN GEHEN. OKAY, ABER WO?

Wenn du auf dem Land wohnst ist es etwas einfacher:
Such dir einen schönen Platz, den du gut überblicken kannst. Am besten sollte er an einem Hang liegen, dann findest du die Pfeile besser wieder. Eine Senke oder Kiesgrube bietet auch einen guten Pfeilfang.

Du wohnst in der Stadt?
Wenn ihr einen Garten habt und du dort schießen möchtest, brauchst du einen Pfeilfang**. Der Gartenzaun hält deine Pfeile nicht auf, denn da würden sie ja hindurch fliegen. Ein alter Teppich oder ein altes Stück Teppichboden, hinter deiner Zielscheibe aufgehängt, bietet mehr Sicherheit. Aber dahinter sollte kein Spazierweg oder Parkplatz sein, denn als Anfänger trifft man nicht mal den Teppich.

Am besten ist es, wenn du deine Zielschiebe in Richtung einer festen Wand, Garage, Scheune oder ähnliches stellen kannst, natürlich musst du vorher um Erlaubnis fragen.

Sicher ist sicher - im Verein
Wenn das alles nicht möglich ist, schau im Internet* oder Telefonbuch nach, wo der nächste Bogenschützen-Verein ist. Auch viele Sportschützen-Vereine haben eine Bogenschützen-Abteilung mit einem Außengelände.
Dort kannst du am sichersten deinen selbstgebauten Bogen ausprobieren, bekommst außerdem gute Tipps für dein Schießen und triffst vielleicht auch noch andere Bogenbauer.

---

* Vereinssuche nach Postleitzahl : www.bogenschiessen.de/vereine

** Pfeilfangnetz und Zielscheiben gibt es natürlich auch fertig im Fachhandel zu kaufen. Wäre auch eine Wunschidee für Weihnachten. Aber in diesem Buch soll ja beschrieben werden, wie du dir alles selbst machen kannst.

DIE ZIELSCHEIBE**

Als Ziel kannst du ein Stück Schaumgummi oder Styropor nehmen. Oder du klebst ein paar Kartonstücke mit Klebeband zusammen und malst eine Zielscheibe drauf. Ganz gut funktioniert auch ein Jutesack, der mit Plastikfolien (Verpackungsmaterial vom Baumarkt) fest gestopft ist.

Geh von der Scheibe 10 Schritt rückwärts.
Spann den Bogen auf und stell dich entspannt hin.

Achte darauf, dass hinter dir niemand steht. Sollte der Bogen beim Ausziehen brechen, fliegen die Splitter auch nach hinten…!
Mir ist mal ein Eibenbogen bei vollem Auszug gebrochen. Die eine Wurfarmspitze hat eine große Delle in die Heckklappe meines Autos gehauen. Die andere hinterließ mir eine Narbe am Kopf als bleibende Erinnerung.

Als **RECHTSSCHÜTZE** stehst du seitlich zum Ziel, der linke Arm zeigt zur Scheibe. Die linke Hand hält den Bogen. Die rechte Hand zieht die Sehne.

- ✓ **Entspanne deinen Körper.**
- ✓ Die Füße stehen leicht auseinander, der Oberkörper ist gerade durchgestreckt.
- ✓ Leg einen Pfeil auf die Sehne und klemme die Pfeilnocke zwischen Zeigefinger und Mittelfinger.
- ✓ Atme ein und hebe dabei den Bogen.
- ✓ Halte ihn leicht schräg nach rechts geneigt, damit der Pfeil nicht herunterfällt.
- ✓ Arme und Schultern sollten eine möglichst gerade Linie bilden.
- ✓ Dann atmest du aus und ziehst dabei mit dem rechten Arm die Sehne gerade zu dir hin. Soweit, bis du die Daumenwurzel im Gesicht spürst. Man nennt das „ankern".

Rechtsschützin

- Die Schusshand sucht sich eine feste Position im Gesicht, so dass man das Ziel und den Pfeil gut sehen kann.
- Manche Schützen ankern an der Nasenspitze, andere am Wangenknochen oder am Kinn.
- Jeder muss seinen Anker selbst herausfinden.
- Der Ankerpunkt sollte immer derselbe bleiben.
- Wenn du die Schusshand mal am Mundwinkel hast und dann wieder an der Augenbraue, wird dein Pfeil immer woandershin fliegen.
- Manche Schützen machen das linke Auge zu (wenn sie mit rechts die Sehne ziehen). Du kannst das ausprobieren, ich empfehle dir aber beide Augen offen zu halten.

KAPITEL 11 | DAS SCHIESSEN

Als **LINKSSCHÜTZE** zeigt der rechte Arm zur Scheibe. Die rechte Hand hält den Bogen. Die linke Hand zieht die Sehne.

1 Linksschützin 2

- **Entspanne deinen Körper.**
- Die Füße stehen leicht auseinander, der Oberkörper ist gerade durchgestreckt.
- Leg einen Pfeil auf die Sehne und klemme die Pfeilnocke zwischen Zeigefinger und Mittelfinger.
- Atme ein und hebe dabei den Bogen.
- Halte ihn leicht schräg nach links geneigt, damit der Pfeil nicht herunterfällt.
- Arme und Schultern sollten eine möglichst gerade Linie bilden.
- Dann atmest du aus und ziehst dabei mit dem linken Arm die Sehne gerade zu dir hin. Soweit, bis du die Daumenwurzel im Gesicht spürst.

SCHIESSANLEITUNG (FÜR ALLE SEITEN)

- ✓ Versuche, mit der Pfeilspitze auf die Scheibe zu zielen, und merke dir, wo die Spitze hinzeigt.
- ✓ Dann lässt du den Pfeil los.
- ✓ Wenn der Pfeil weggeflogen ist, veränderst du deine Haltung noch nicht.
- ✓ Nimm weder den Bogen herunter noch lass Bogenarm sinken.
- ✓ Schau stattdessen, wo der Pfeil hingeflogen ist.
- ✓ Hat er getroffen, zumindest auf der Scheibe? Dann präge dir noch mal die Haltung des Bogens ein. Offenbar stehst du richtig, und du hast gut gezielt.
- ✓ Wenn der Pfeil jedoch links von der Scheibe eingeschlagen ist, musst du nächstes Mal weiter nach rechts zielen, und umgekehrt.
- ✓ Flog der Pfeil zu hoch, hältst du beim nächsten Schuss den Bogen etwas tiefer und umgekehrt.

- ✓ Wenn die Pfeile beim Fliegen auf- und abschwingen und immer schräg in der Scheibe stecken, stimmt dein Nockpunkt nicht.
- ✓ Überprüfe nochmal, ob der kleine Knoten auf der Sehne wirklich 5 mm über der angezeichneten Sehnenmitte (siehe Seite 125) liegt. Und achte darauf, dass der Pfeil immer an der Bogenmitte anliegt.
- ✓ Ziele mit dem Bogen nicht zu lange. Wenn der Bogen ausgezogen wird, beansprucht das die Zellen im Holz sehr stark. Man sagt, dass ein Bogen bei vollem Auszug zu sieben Achteln gebrochen ist!

Deshalb:
Bogen heben, ausatmen und voll ausziehen, kurz das Ziel anvisieren, nicht länger als ein, zwei Sekunden – Pfeil loslassen. Eine fließende Bewegung.

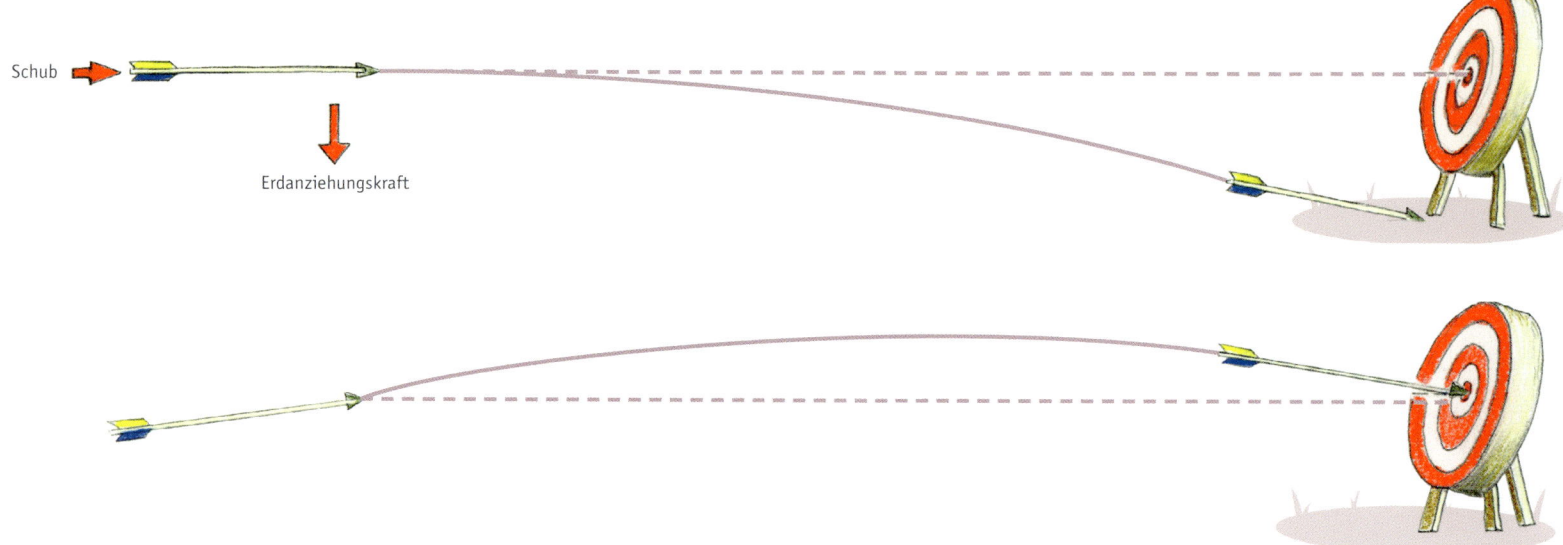

Auf diese Art probierst du Schuss um Schuss, bis die Ergebnisse besser werden. Versuche, immer die gleiche Haltung einzunehmen und mit der Schusshand immer am gleichen Punkt zu ankern.

Wenn du auf zehn Schritte Entfernung gut triffst, dann kannst du ein paar Meter weiter nach hinten gehen. Wenn du jetzt schießt, wirst du feststellen, dass du den Bogen etwas höher halten musst. Der Pfeil wird während seines Fluges von der Erdanziehungskraft nach unten gezogen. Er fliegt nie wirklich geradeaus, sondern in einem Bogen aufs Ziel zu.

Je weiter du von der Scheibe entfernt bist, desto höher musst du den Bogen halten. Ziele aber lieber zu tief als zu hoch, sonst musst du Pfeile suchen.

Erst wenn alle Schützen ihre Pfeile verschossen haben, gehen sie gemeinsam zur Scheibe. Dabei soll man vorsichtig vorwärtsgehen und auf Pfeile achten, die vor der Scheibe flach im Boden stecken. Wenn man drauftritt, gehen sie schnell kaputt.

PFEILE ZIEHEN

Die Pfeile, die in der Scheibe stecken, fasst du ganz vorn und ziehst sie rückwärts heraus. Achte darauf, dass niemand hinter dir steht – schon manch einer hat beim Pfeile ziehen plötzlich eine Nocke in der Nase gehabt. Das kann auch ins Auge gehen!
Wenn ein Pfeil bis über die Federn hinaus im Ziel steckt, musst du ihn nach hinten herausdrücken. Wenn du ihn nach vorn herausziehst, reißen die Federn vom Schaft. Eventuell solltest du dir dann eine festere Zielscheibe bauen.
Wenn alle ihre Pfeile gefunden haben, kann die nächste Runde beginnen.
Vergewissere dich aber zuerst, dass keiner mehr hinter der Scheibe Pfeile sucht!

NACH DEM SCHIESSEN

Nach jedem Schießen musst du deine Ausrüstung überprüfen. Ist die Sehne noch heil? Hat der Bogen einen Riss oder Knick bekommen? Haben die Pfeilschäfte irgendwelche Beschädigungen? Manchmal verstecken sich Bruchstellen auch unter Wicklungen. Biege die Pfeile vorsichtig, sind sie noch OK?
Ich habe mal mit ansehen müssen, wie sich jemand einen Pfeil in die eigene Hand schoss. Er hatte einen versteckten Bruch an einem Schaft nicht bemerkt. Der Pfeil brach beim Abschuss in zwei Teile, und das befiederte Ende fuhr ihm tief in die linke Hand. Das tat höllisch weh und er musste ins Krankenhaus.

Also: Erst wenn alles geprüft ist, packst du die Ausrüstung ein. Der Bogen wird nach dem Schießen abgespannt und auch so gelagert.

Lass niemals einen Bogen länger aufgespannt als nötig. Die Holzzellen werden es dir danken. Bewahre die Ausrüstung in deinem Zimmer auf, aber nicht direkt an oder über der Heizung. Der Bogen könnte austrocknen, spröde werden und brechen.
Achte darauf, dass der Bogen außer Reichweite von kleinen Geschwistern bleibt.
Wie du weißt, ist er kein Spielzeug.

Damit keine Langeweile aufkommt, hast du viele Möglichkeiten, dir immer wieder neue Ziele zu basteln.
Ein Bogen-Memory, Bogen-Dart, selbstgebaute dreidimensionale Ziele, um nur ein paar Ideen zu nennen. (Kostenlose Bilder zum Downloaden und Ausdrucken gibt es hier: www.simeoni.de/infos/medien/download)

Man kann mit dem Bogen nicht nur auf Scheiben schießen. Du kannst auch mit Freunden einen Weitschusswettbewerb austragen. Dazu braucht ihr aber richtig viel Platz und Übersicht (siehe Gebote Seite 172–173).

Schön ist auch das Roving oder Clout-Schießen. Dabei gilt es, den Pfeil über eine große unbekannte Distanz in die Nähe einer Flagge zu schießen, die im Boden steckt. Das ist wie Golf spielen mit dem Bogen.
In etwa 200 m Entfernung steckt ihr eine Flagge oder einen Stock in die Wiese und versucht dann, mit möglichst wenigen Schüssen so nah wie möglich an die Flagge/den Stock zu kommen. Wer am wenigsten Schüsse braucht, hat gewonnen. Oder wer mit einer bestimmten Anzahl an Schüssen möglichst nah an die Flagge gekommen ist, gewinnt.

12
Lexikon, Adressen, Bücher

Dieses Kapitel erklärt dir die Fremdwörter in der Welt des gebogenen Stocks und in diesem Buch. Es enthält Adressen, Buchtipps rund um das Bogenschießen und ein Wort zum Schluss.

Was ist was?

ABLASS	Moment, in dem die Sehne losgelassen wird
ALAMANNEN	Germanischer Volksstamm, wahrscheinlich kommt der Begriff von „alle Männer"
ANKERPUNKT	Stelle im Gesicht des Schützen, wo die Zughand beim Schießen immer anliegt
ARKEBUSE	mittelalterliche Schusswaffe
AUEROCHSE	ausgestorbene Rinderart
AUGE	Schlaufe am Ende der Sehne, wird auch Öhrchen genannt
AUSZUG	die Strecke, die du deinen Bogen ziehen kannst
BOGENBAUCH	zeigt zum Bogenschützen hin
BOGENHAND	hält den Bogen
BOGENRÜCKEN	zeigt vom Bogenschützen weg
BORKE	äußerste Schicht eines Baumes
BUGFEDER	vordere, schmale Seite der Feder

CLOUT-SCHIESSEN	Schießen auf ein Ziel in sehr großer Entfernung
COCKFEDER	steht senkrecht zur Sehnenkerbe und hat eine andere Farbe als die übrigen Steuerfedern
CRESTING	Eigentumsmarken, Farbringe auf dem Pfeilschaft
DEFLEX	zum Schützen hin gebogen
FLUFLU	Pfeil mit sehr großer Befiederung zur Vogeljagd
GLASLAMINIERTER BOGEN	Moderner Sportbogen aus verleimten dünnen Holzbrettchen und einer Lage glasfaserverstärktem Kunstharz auf beiden Seiten
HALBER SCHLAG	Schlaufe in einem Tau od. einer Schnur, 2 halbe Schläge = 1 Webleinenstek
HECK	hinterer Teil
HIRNHOLZ	Wenn man einen Baum oder ein Brett quer durchsägt, sind die Schnittflächen das Hirnholz
HOLMEGAARD	mittelsteinzeitlicher Bogentyp, benannt nach einem Moor auf Seeland (Dänemark)
HOMO ERECTUS	Von lateinische Homo = Mensch und erectus = aufrecht. Sehr urtümliche Menschenart, gehört zu unseren Vorfahren
HOMO SAPIENS SAPIENS	moderner Mensch

JAHRRING	Ein Baum wird pro Jahr um einen Ring aus Holzzellen dicker. Jahrringe gehen konzentrisch von der Markröhre aus.
KONKAV	nach innen gewölbt
KONVEX	nach außen gewölbt
lb	Abkürzung für das englische Pfund. Ein „pound" sind 453 g.
MARKRÖHRE	Röhre mitten im Baumstamm, dient der jungen Pflanze zum Transport von Nährstoffen
MESOLITHIKUM	Mittelsteinzeit (von griechisch meso = mittel, lithos = Stein), ca. 10.000 – 7.500 vor heute
MIKROLITH	Kleine Feuersteinspitze (von griechisch mikros = klein, lithos = Stein)
MUSKETE	mittelalterliche Schusswaffe
NEANDERTALER	Urmenschenart, lebte vor dem modernen Menschen in Europa
NEOLITHIKUM	Jungsteinzeit (von griechisch neos = neu, lithos = Stein), ca. 7.500 – 5.000 Jahre vor heute
NOCKE	hinteres Ende des Pfeils mit der Sehnenkerbe
NOCKPUNKT	hier wird der Pfeil auf die Sehne gelegt
ÖHRCHEN	= Auge

PALÄOLITHIKUM	Altsteinzeit, von den Anfängen der Menschheit bis ca. 10.000 Jahre vor heute
PALSTEK	Seemannsknoten, um ein leicht wieder zu öffnendes Auge zu knoten
REFLEX	vom Schützen weg gebogen
ROVING	Zielschießen auf verschiedene Ziele im Gelände in großer Entfernung
STABILISATOREN	Stangen mit Gewichten am Ende, die bei modernen Bögen auf den Bogenrücken geschraubt werden. Sie bewirken, dass der Bogen ruhiger schießt.
TAB	Fingerschutz für die Zughand
TAKLING	Schutzwicklung um ein Tau (Seemannssprache)
TILLERN	Feineinstellung der Biegefähigkeit des Bogens
TILLERSTOCK	dient zum Kontrollieren der Bogenbiegung
TIP	Wurfarmspitze
UMWALLUNG	ist ein Baum verletzt, bildet er um die Wunde einen Wulst aus Holzzellen
WEBLEINENSTEK	Seemannsknoten zur Befestigung eines Taues, z.B. am Mast
VISIER	Einrichtung zum genauen Anpeilen des Ziels
ZUGHAND	zieht die Sehne zum Schützen

Zum Schluss

Ich habe in diesem Buch beschrieben, wie **ich** Bogen und Pfeile baue, und wie **ich** schieße. Vieles habe ich selbst durch Ausprobieren herausgefunden, und einiges habe ich bei anderen gelernt.

Es gibt viele verschiedene Arten, Bögen zu bauen und noch mehr unterschiedliche Wege, damit zu schießen. Deshalb ist dieses Buch nur als Grundlage gedacht.

Wenn du andere Leute kennenlernst, die auch Bogen schießen, dann schau genau hin und höre gut zu. Sie wissen bestimmt Dinge, die ich nicht weiß. Oder haben gute Tipps, wie du dein Können noch verbessern kannst.

Man muss nicht immer auf alles hören, was die anderen sagen. Aber manchmal lohnt es sich schon. Man lernt nie aus.

Wenn jemand behauptet, er wisse alles und sein Schießstil sei sowieso der allerbeste, dann hat er nichts begriffen.

Jedenfalls – wenn du die Tipps und Regeln in diesem Buch befolgst, wirst du lange Freude an deinem Bogen haben. Vielleicht sehen wir uns ja mal auf einem Turnier, dann kannst du mir erzählen, wie es dir beim Bogenbauen und Schießen ergangen ist.

Auch für Anregungen und Kritik zu diesem Buch bin ich immer dankbar. Meine Webseite: archaeo-technik.de

Ich wünsche dir nun mit deinem Bogen ganz viel Spaß.

MÖGE DEIN PFEIL IMMER SEIN ZIEL TREFFEN!

Der Autor

Wulf Hein hat zunächst Tischler als Beruf gelernt. Weil ihn Geschichte und Archäologie schon seit der Schulzeit faszinierten, hat er sich auf die Rekonstruktion von historischen Funden spezialisiert. Seit über 20 Jahren ist er ein Experte auf dem Gebiet der experimentellen Archäologie und Archäo-Technik.

Ob Einbaum, Ötzis Fellkleidung oder jungsteinzeitliches Dorf – er hat schon viele kleine und große Sachen nachgebaut und mitkonstruiert, meistens für Museen und Ausstellungen. Aber auch in Film- und Fernsehproduktionen sind seine Arbeiten zu sehen.

Weil er selbst soviel Spaß am „Nachbasteln" hat, und er diesen vor allem an die Kinder weitergeben möchte, hat er Unterrichtsmaterialien zum Thema Steinzeit, Römerzeit und Mittelalter entwickelt.

Und nicht zuletzt auch deshalb hat er dieses Buch speziell für DICH geschrieben.

Zum Weiterlesen

Zur Geschichte

Lornsen, Dirk Tirkan – Ein Roman aus der Jungsteinzeit. Ab Klasse 5. Hase und Igel Verlag
Hein, Wulf: Komm mit in die Steinzeit ------ Unterrichtsmaterial ab Klasse 5,
             Komm mit zu den Römern   ------ mit Anleitungen zum Selberbauen.
             Komm mit ins Mittelalter ------ Hase und Igel Verlag

Bogenbauen und Zubehör

Greenland, H. Handbuch für traditionelle Bogenschützen
Div. Autoren   BOGENSCHIESSEN – Ausrüstung und Zubehör selbst gemacht
Div. Autoren   Das Bogenbauer-Buch
Comstock, P.   Der gebogene Stock
alle Bücher: Verlag Angelika Hörnig

Bogenschießen, Turniertermine, Kurstermine

TRADITIONELL BOGENSCHIESSEN   Magazin für Langbogen & Recurve, erscheint 4 x im Jahr.
                              Verlag Angelika Hörnig

bogenschiessen.de
bogenschiessen.de/shop   Bücher, Zeitschriften und mehr rund um Pfeil & Bogen
bogenschiessen.de/vereine Vereinssuche in Europa nach Postleitzahl
bogenschiessen.de/turniere Turniertermine für Bogenschützen

Das könnte dich interessieren...

TRADITIONELL BOGENSCHIESSEN
Fachmagazin für Langbogen und Recurve

Wann?   4 x im Jahr
Was?   Berichte aus der Szene, Geschichte, Bogenbau, Schießtechnik, selbst gemachte Ausrüstung. Großer Terminkalender für Kurse und Turniere.

Wo?   Im Bahnhofsbuchhandel, beim Bogensporthändler oder direkt beim Verlag:
         bogenschiessen.de/shop

Wieviel? Einzelheft   7,50 €
          ABO Deutschland   30,- €
          Europa und Welt   40,- €

Ein Sammelposter mit bisher erschienenen Heften und Themenübersicht kannst du gratis anfordern, oder hier downloaden: bogenschiessen.de/magazin

Verlag Angelika Hörnig
Siebenpfeifferstraße 18
D-67071 Ludwigshafen
Tel +49(0)621 65 82 1970
shop@bogenschiessen.de

Aus unserem Verlagsprogramm:

Mehr zum Thema Bogenbau und Bogenschiessen

DAS BOGENBAUER-BUCH
Europäischer Bogenbau
von der Steinzeit bis heute

Anleitungsbuch für verschiedene Bogentypen, vom mittelsteinzeitlichen über den englischen Langbogen, den Wikingerbogen bis zum modernen, laminierten Langbogen. Bogenhölzer, Klebstoffe, Pfeilspitzen aus Feuerstein.

ISBN 978-3-9805877-7-0
29,80 €

PRAKTISCHES HANDBUCH
für Traditionelle Bogenschützen

Praxisorientiertes Basisbuch über tradititionelle Bogen, verschiedene Bogentypen, Anleitungen zum Pfeile-, Sehnen- und Bogenbau und deren Pflege.

ISBN 978-3-938921-06-7
18,– €

DER GEBOGENE STOCK

Auch weiße Hölzer wie Esche, Ulme, Hickory, Walnuss, Birke und viele andere ergeben gute Bögen wie die angeblichen Spitzenhölzer. Für Anfänger im Bogenbau, die sicher gehen wollen, dass es ihnen auch gelingt.

ISBN 978-3-9808743-6-6
19,80 €

BOGENSCHIESSEN -
Ausrüstung & Zubehör
selbst gemacht

Das komplette Zubehör, die ganze Ausrüstung, Hilfsmittel und Gerätschaften eines traditionellen Bogenschützen, zum eigenen Nachbau detailliert dargestellt. Pfeilkratzer, Bogensehnen, Armschutz, Köcher, Spinetester, Befiederung, Zielscheiben – 560 Farbfotos zeigen Schritt für Schritt wie es geht.

ISBN 978-3-938921-03-6
39,80 €

Adressen

Bogenbau für Kinder und Erwachsene, Kindergeburtstage mit Pfeil und Bogen, 3D-Parcours, Turniere & mehr

ARTCHERS LAND
Dirk Rößner
Wöhningen 7
D-29468 Bergen
Tel. +49(0)5845 98 81 77
mail@artchersland.de
artchers-land.de

Bogenbaukurse, Bogenschießen für Kinder & Jugendliche. Vom Baum zum Bogen – Bogenholz zum Bogenbau, Bambusschäfte, Bogenbaukurse

GERVASE
Wilfried Reichenbach
Georg-Löwelstrasse 15
D-67549 Worms
Tel. +49(0)6241 22 880   Mobil +49 (0)157 74572407
gervase.de

Adressen

Entwickler und Hersteller
von hochwertigen Pfeilspitzen und Zubehör

TOPHAT®

Gebr. Kümmerle GmbH
Wiesentalstr. 79
D-79618 Rheinfelden
Tel. +49(0) 7623 79 50 33
Fax +49(0) 7623 50 603
tophat-pfeilspitze.com
kuemmerle.com

Leistungsstarke und schöne Bögen, Bogenbaukurse:
in 3 Tagen einen Langbogen bauen (schön auch als Geschenk)

FRITZBOGEN

Fritz Preuß
St. Nikolausstr. 52
D-86934 Reichling
Tel. +49 (0) 8194 99 91 32
Mobil +49 (0)170 5523873
fritzbogen.de

Adressen

Ausrüstung für den trad. Bogenschützen, Alles rund um's Mittelalter
Kurse zu Bogen-, Sehnen- & Pfeilbau, Bogenvermietung

HR BOGENSPORT & MITTELALTER

Rudolf Hettenbach

Waldschmidtstrasse 1

D-93444 Bad Kötzting

Tel. +49 (0) 9941 60 64 20   Fax +49 (0) 9941 60 64 19

info@bogensport-hettenbach.de

bogensport-hettenbach.de

Hochwertige Handwerkzeuge für den Bogenbau,
Materialien (Horn, Sehnen, Backings), Bogenbaukurse

DICTUM GmbH

Donaustr. 51

D-94526 Metten

Tel. +49(0)991 9109 901

Fax +49(0)991 9109 801

info@dictum.com

dictum.com

Adressen

Der Ausrüster für den traditionellen Bogenschützen,
Bogenbaukurse, Beratung, Verkauf, Service uvm.

WEIN4TEL-ARCHERY
Christian Stöckl
Hauptstrasse 27
A-2122 Münichsthal
Tel. +43(0)664 88 44 66 10
w4a@aon.at
wein4tel-archery.at

Recurve-, Kinder- & Langbögen, Targets & 3D-Tiere, Zubehör, Werkzeuge für den Bogenbau
Glas- & Carbonlaminate, Bogenhölzer & Holzlaminate uvm.

BOGENSPORT-BOGENBAU
Manfred Kaufmann
Grasbergerstr. 28-30
A-8020 Graz
Tel. +43(0)316 57 59 84 90
Fax +43(0)316 57 59 844
office@bogensport-bogenbau.at
bogensport-bogenbau.at